空手組手全集
空手道・組手教範

國際松濤館空手道連盟館長
金澤弘和 著

S.K.I.
KUMITE
KYŌHAN
HIROKAZU KANAZAWA

推薦の序に代えて

松濤館流最高師範十段　卒翁・儀間　眞謹

　松濤館流祖・富名越義珍師範の門人の中で、最も早い時期に海外へ進出し、終始真摯な気魄をもって、空手道の普及発展に尽力し、今日もなお海外空手人の方々から、深い尊敬の念を抱かれているのは、大島　劼君（早大卒・米国松濤館館長）が最初の人で、これに次ぐのが、金澤弘和君（拓大卒・国際松濤館館長）である。この両君は、ともに良き日本男児の典型とも称すべき人物で、その秀れた美質は、故富名越義珍師範が、早い時期から認めておられたものであって、それだけに国際空手人としての将来に、きわめて強い期待を寄せられていたのである。事実その秀れた資質は、流祖の晩年期における門人の中では、まさに群を抜いており、学生時代から、すでに今日の姿を予感させるものがあった。空手道は、単なる格闘技術を売るものではなく、特に海外での指導に際しては、一個の武道家としての人格と識見が必要であり、これが欠落しているような人では、とても長続きするものではない。

　金沢弘和君は、昭和6年5月3日生れの春男で、宮古水産高校から、日本大学を経て、拓殖大学に学び、卒業後は社団法人・日本空手協会の研修員となって、各種大会で優勝をかざり、昭和35年1月・ハワイへ指導員として派遣され、その後、アメリカ本土並びにヨーロッパ諸国へ招かれ、長い期間にわたって、指導生活を送ってきた国際的な空手人であり、現在も、国際松濤館館長として、海外50余ヵ国にひろがった門下生の指導に当っているのである。

　金沢弘和君は、いまや、技術面においても、人格面においても、円熟の境地に達しつつあり、その真摯な行動は、内外空手人の模範となるべき人物である。また、先輩に対する礼もきわめて深く、昭和48年9月・私が喜寿（77歳）を迎えたときにも、たまたま海外へ出張中だった中山正敏師範の代理として出席され、故大浜信泉先生（元早大総長・初代学連会長・初代全空連会長）をはじめ、空手道界の諸先輩達の見守る中で、熱のこもった美事な演武を披露して頂いている。

　今回、金澤弘和君が、長年の修業の中で学んだ成果を一本にまとめ、『空手道・組手教範』として池田書店から出版する運びとなったが、私は、その技術の練熟性と秀れた徳性から考えてみて、本書が斯道の進歩と発展に大いに寄与する内容のものであることを確信せずにはいられない。そこで、すでに卒寿を迎えた老爺ながら、わが師兄せる故富名越義珍師範に代わり、松濤同門会の一老先輩として、ここに心からなる推薦の辞を述べる次第である。

Among the students of Master Gichin Funakoshi, founder of the SHŌTŌKAN school, I note two remarkable figures. Mr. Ōshima (graduate of Waseda University, president of SHŌTŌKAN, U.S.A.) and Mr. Kanazawa (graduate of Takushoku University, president of S.K.I.) who, with their serious and constant effort, have greatly contributed to the diffusion and development of KARATE-DŌ abroad in the first years of its evolution and who continue to maintain their unusual prestige among practitioners the world over. Their remarkable success was not unforeseen when they were students. Indeed, both had excellent qualities, not only physically and technically, but mainly morally, personifying a true Japanese spirit. Both talented, and among the last students of the founder, he expected that they would become international figures in KARATE-DŌ.

Because the role of a KARATE teacher should never be a profession for selling his fighting techniques; good character, judgement, knowledge, and teaching ability of a BUDŌKA are mandatory if his teaching is to be successful, especially abroad.

Born on the 3rd of May, 1931, Mr. Kanazawa entered Nippon University upon leaving the Lycee of Fisheries School at Miyako, his home town. He was then admitted to Takushoku University and, upon leaving, became a trainee in the J.K.A. Instructors Programme. At this time, he won many competitions. His long career as an instructor began when he was invited to Hawaii in January, 1960. He then taught in the United States and the European countries and now head the S.K.I. He remains very busy, sharing his valuable knowledge in more than fifty countries.

As he reaches full maturity in his art and his character, his respect for his seniors (SENPAI) and his sincerity are real examples for all KARATE practitioners. In this respect, I personally remember that, in September, 1973, on the occasion of my seventy-seventh birthday anniversary, he came, in place of the instructor Nakayama, to give an excellent demonstration before the seniors of the KARATE world, among who was the late Master Ōhama, former president of Waseda University, first president of the University Federation, and first president of F.A.J.K.O.

Considering his technical mastery and his moral values, I am fully convinced that the present work, KARATE DŌ KUMITE KYŌHAN (published by IKEDA Co.,Ltd.), a product of the long practical experience of Mr. Kanazawa, will contribute greatly to the progress and development of KARATE-DŌ. Also, I offer my keen recommendation as a nonagenarian KARATEKA, by right, one of the most senior of the SHŌTŌKAN school, on behalf of the late **Funakoshi Gichin** Shihan.

Shinkin Gima
Supreme Master of the SHŌTŌKAN Ryu. 10th Dan.

Parmi les élèves du Maitre Gichin Funakoshi, fondateur de l'école SHŌTŌKAN, je note deux personnages remarquables, M. Ōshima (diplômé de l'université de Waseda), président du SHŌTŌKAN, U.S.A. et puis M. Kanazawa (diplômé de l'université de Takushoku), président du S.K.I. qui ont largement contrlbué par leurs efforts sérieux et constants à la diffusion et le développement du KARATE-DŌ à l'étranger dans les premières années de son évolution et qui conservent encore un prestige exceptionnel parmi les pratiquants du monde entier. On prévoyait leur remarquable succès lorsqu'ils étaient étudiants. En effet, tous les deux possédaient d'excellentes qualités non seulement physiques et techniques, mais surtout morales symbolisant un véritable esprit Japonais. Etant doués et parmi les derniers élèves du fondateur, celui-ci s'attendait à ce qu'ils deviennent des figures internationales du KARATE-DŌ.

Le rôle du professeur de KARATE ne devrait jamais être celui d'un vendeur de techniques de combat, et le succès de son enseignement, surtout à l'étranger exige obligatoirement qu'il possède: du caractère, du jugement, des connaissances et des aptitudes pédagogiques de BUDŌKA.

Né le 3 Mai 1931, M. Kanazawa a fréquenté le Lycée de Pêche et de Pisciculture de Miyako (sa ville natale). Il est entré ensuite à l'université de Nippon, puis il fût admis à l'université de Takushoku. En sortant, il devint stagiaire de la J.K.A. C'est à cette époque qu'il remportait des victoires dans les nombreuses compétitions. Sa longue carrière d'instructeur a débuté lorsqu'il a été invité à Hawaii en janvier 1960, ensuite il enseigna aux Etats-Unis et dans les pays d'Europe et maintenant il est à la tête de S.K.I. Il offre ses enseignements précieux dans plus de cinquante pays, ce qui le garde très occupé.

Comme il parvient maintenant à la maturité de son art et de son caractère, son respect envers ses aînés (SENPAI) et sa sincérité devraient servir d'exemples à tous les pratiquants de KARATE. A cet égard je me rappelle personnellement qu'en Septembre 1973, à l'occasion de la fête de mon soixante-dix-septième anniversaire, il a remplacé l'instructeur Nakayama pour faire d'excellentes démonstrations pour les anciens du monde KARATE-DŌ, dont notamment, feu Maître Ōhama (ancien président de l'université de Waseda, premier président de la Fédération Universitaire et premier président de la F.A.J.K.O.)

Etant donné sa maîtrise technique et sa valeur morale, je suis tout à fait convaincu que le présent ouvrage (KARATE-DŌ KUMITE KYŌHAN) publié par (Ikeda.Co., Ltd.) fruit d'une longue expérience pratique de M. Kanazawa sera une grande contribution au progrès et au développement du KARATE-DŌ. Egalement ma vive recommandation de la part d'un KARATEKA nonagénaire, à titre d'un des plus anciens de l'école SHŌTŌKAN et au nom de feu **Funakoshi Gichin** Shihan.

Shinkin Gima
Maître Suprême du SHŌTŌKAN Ryu - 10e Dan.

推薦の言葉

世界空手道連合事務総長
全日本空手道連盟専務理事

高　木　房次郎

　金澤君が再々度空手の本を出版される由、そのアクティヴィティ（activity）に対して敬意を表するものです。
　空手道の技術には、形式武術である「型」と、実際にその技術が形式から離れて実証できるかという段階の「組手」があり、この二つは空手道の表裏関係であります。したがって型を理解するためには、組手が必要ということになります。
　組手の稽古こそ時間（タイミング）・空間（距離）を身につけることと思います。近頃、型を人に見せるために美しくしたり、演技したりする人がありますが、空手道は武術としての立脚点から、あくまでも組手を裏付けとした、型の稽古が身についてこそ、その人の人間的内容が充実され、見る人の心をうつものと思います。
　その意味からも本書が記されたことは、世界の空手愛好家に大きく寄与するものと信じます。

The energetic activity of Mr. Kanazawa that has allowed the publication of the present work is, once again, the subject of my admiration.

In KARATE-DŌ, the KATA is the formal practice of techniques whereas KUMITE is the practical application. The various aspects of both are complementary, like the two sides of a coin. It is in this way that the practice of KUMITE is a requisite for KATA. It is precisely this practice that develops, among the practitioners, the sense of space (distance) and time (timing).

Nowadays, certain practitioners execute their KATA wishing to impress and are overly concerned with aesthetics when they face an audience. Never-the-less, we must remember that KARATE-DŌ is a martial art. We can see that the assimilation of KATA will allow him to impress others as long as it is always backed up by the practice of KUMITE.

Due to the importance of KUMITE, I have no doubt that the present work will contribute much to enthusiastic practitioners all over the world.

F. Takagi
Secretary-General, W.U.K.O.
Managing Director, Japan Karate-Dō Federation

L'activité énergique de M.Kanazawa, qul a permis la publication du présent ouvrage fait de nouveau l'objet de ma profonde admiration. En KARATE-DŌ, le KATA est la pratique conventionelle des formes des techniques, tandis que le KUMITE, en est l'application pratique. Les deux possédent des aspects complémentaires qui sont comparables aux deux faces d'une pièce de monnaie, et c'est dans ce sens, que la pratique du KUMITE est essentielle pour la compréhension du KATA. C'est précisément cette pratique qui déveloippe entre les pratiquants le sens de l'espace (distance) er du temps (timing).

De nos jours, certains pratiquants exécutent leur KATA avec un souci très poussé vers l'esthétique dans le but d'impressionner l'audience. Cependant, il ne faut pas oublier que le KARATE-DŌ est un art martial. On s'aperçoit que l'assimiliation du KATA entraînera le développement de l'individu, et par la suite, lui permettra d'impressionner les autres, en autant qu'elle est toujours, soutenue par la pratique du KUMITE.

Etant donné l'importance du KUMITE, je n'ai aucun doute que le présent ouvrage sera une grande contribution pour les pratiquants enthousiastes dans tout le monde.

F. Takagi
Secrétaire-Général. W.U.K.O.
Directeur, Japan Karate-Dō Federation

はじめに

　日本の誇る伝統的な体育文化としての空手道は、今や世界的な規模において隆盛の一途をたどり、昭和60年6月には、国際オリンピック総会（I.O.C.）におきまして、正当な国際競技種目として公認されるに至り、世界中の多くの人々に、国際スポーツとして親しまれております。

　近い将来にはオリンピック大会の桧舞台において、組手と型の競技が競われることでしょう。

　1981年9月と、1982年5月に世界の空手愛好家の要望に応え、松濤館空手型全集上、下各巻を発刊いたしましたが、幸い多くの皆様の好評を得ることができました。

　この度は、「型全集」を読んだ世界中の方から、続いて「組手全集」もと再度強い要望を受け、それに応えるべく重い腰を上げることにいたしました。

　本書の構成に当たり、私が迷い悩んだことは、スポーツ組手競技に徹すべきか、武道試合組手の見地で書くべきかでしたが、最終的には武道としての練習体系をもって紹介することにしました。なぜならこれが老若男女誰でも無理なく上達できる方法であるとともに、競技選手にとっても基礎鍛練、基本応用と上級選手になるまでの過程において、必要なトレーニングになるからです。

　ここで簡単にスポーツとしての指導法と、武道としての指導法を申し述べますと、たとえば50人の生徒を指導する場合、スポーツ的指導では、50人のうち5人が強化され、優秀な選手になれば、それで目的は達成されたことになります。なぜならば対外試合の場合、5人が勝てばチームにしろ個人競技にしろ、その団体は優勝できる栄誉に輝けるからです。

　しかし武道として見た場合、50人中全員を心身共に健全強化させなければなりません。一人でも落伍者が出れば、それは目的達成とはいえません。

　国際松濤館は、スポーツ空手道を心から尊重し、その中で今後も大いに活動していくことを奨励します。しかしそれぞれの道場においての指導理念は、武道としての精神教育、人間教育を主眼としたものでなければならないと思います。

　本書は、連続写真により、一連の組手の流れが理解しやすいように工夫したつもりですが、組手習得の上で、少しでもお役に立つならば幸いに存じます。

　なお、私が海外指導などのため不在がちなこともあって、構想をたててから今日まで、予想外に時間がかかってしまいました。読者の皆様をはじめ関係各位にご迷惑をかけましたことをおわび申し上げます。

終わりになりましたが、松濤館流の最高師範である儀間眞謹先生並びに世界空手道連合事務総長、全日本空手道連盟専務理事の高木房次郎先輩より、御推薦の言葉を賜りました。この上ない光栄と感謝いたしております。

　また写真のモデルとしてご協力下さいました、粕谷均、市原重幸、杉本静治の各指導員、並びに熊倉博子さん、モデルの他に構成と訳文に苦心されたアナスタシアディス・アリ（ARI ANASTASIADIS）指導員、訳文にご協力いただいた中市和孝氏、撮影に苦心された佐伯二郎氏の皆さんに、心から御礼申し上げます。

　　　１９８６年 12月
　　　　　　金 澤 弘 和

スロノ閣下（インドネシア政府及び軍の顧問）と。
General Surono, Republic of Indonesia
co-ordinating minister, political and security affairs.

FOREWORD, PREFACE

KARATE-DŌ, a traditional art form of the Japanese culture, has become a great international sport, practised the world over. Its wide-spread diffusion outside Japan was marked by the recognition, in June 1985, of KARATE as an olympic sport, by the International Olympic Committee, and will doubtless be included in the programme of the Olympic Games in the near future.

The factors which persuaded the author of the necessity for this work were the many requests and the encouragement of enthusiastic practitioners who had so well received his last two publications, KATA Books, SHOTOKAN KARATE Vol I (Published September, 1981) and Vol II (Published May, 1982). The greatest problem to overcome before writing was selecting the point of view from which to approach and explain the training system; KUMITE as a competitive sport, or as a martial art (BUDŌ). The author chose the latter because, not only does this allow everyone; men, women, and children, young and old to progress within their capacities, but it also includes training in basics and the application of the fundamental techniques mandatory in the development of a good competitor.

To illustrate the difference between these two viewpoints, we will use, as an example, a class of fifty students. From the viewpoint of KARATE as a competitive sport, the teaching method reaches its goal when only five students among the fifty become good competitors. This number succeeding in individual or team competition is sufficient to establish the reputation of their DŌJO. However, from the point of view that KARATE is a martial art, the method of teaching does not reach its goal unless it achieves the physical and mental development of the entire class.

The instruction given in all our S.K.I. DŌJO relies precisely on this last concept, that of KARATE-DŌ-BUDŌ, a method of moral development and general education of the individual. This, by no means, implies that we ignore the sport aspect of KARATE-DŌ. On the contrary, we consider the importance of the role of competitions to be great and highly recommend participation.

The author hopes that the present work will make available much useful information for the reader's progress in KUMITE and that the numerous photographs breaking down the movements will facilitate understanding. At the same time, he regrets that, due to his frequent absences from Japan, publication took such a long time despite the enthusiasm of those concerned with the publication and the many readers.

The author has the honour of having, for the present book, the recommendations of Mr. S. Gima, supreme master of the SHŌTŌKAN RYU and Mr. F. Takagi, secretary-general of the World Union Karate-Dō Organizations and managing director of the Japan Karate-Dō Federation.

Finally, the author wishes to express his deep gratitude to the instructors H. Kasuya, S. Ichihara, S. Sugimoto and to Miss H. Kumakura who kindly agreed to pose for the photographs; to the instructor Ari Anastasiadis for posing, for his suggestions, and for his precious assistance in the preparation and the translation of the text; to Mr. K. Nakaichi for his efforts in the translation; and to Mr. J. Saeki for his photographic work.

December 1986-Hirokazu Kanazawa

Le KARATE-DŌ, une forme d'art traditionnel de la culture japonaise est devenu un sport d'envergure internationale pratiqué dans le monde entier. Sa large diffusion à l'extérieur du Japon à été marquée en juin 1985, par la décision du Comité International Olympique de reconnaître le KARATE, comme un sport olympique, et sans aucun doute, dans un avenir proche il sera inscrit au programme des Jeux Olympiques.

Les facteurs qui ont persuadé l'auteur de la nécessité de cet ouvrage étaient les nombreuses demandes ainsi, que les encouragements de la part des pratiquants enthousiastes qui avaient très bien accueilli ses deux dernières publications (SHOTOKAN KARATE KATA Vol 1 (paru en Sept.81.) et le Vol II (paru en Mai 82.).

Le plus grand problème a surmonter avant même de commencer la rédaction était de choisir le point de vue pour aborder tout le système d'entraînement; KUMITE en tant que sport de compétition ou bien en tant qu'art martial (BUDŌ). L'auteur a choisi ce dernier, car non seulement celui-ci permet à tous, hommes, femmes, enfants, jeunes et vieux de progresser selon leur possibilités mais aussi, parce qu'il contient les entraînements de base et les applications pratiques des techniques fondamentales qui sont indispensables pour la formation d'un bon compétiteur.

Pour illustrer la différence entre ces deux points de vue, nous prendrons comme exemple, une classe de cinquante élèves. D'un point de vue, KARATE, sport de compétition, la méthode d'enseignement atteint son objectif lorsque cinq pratiquants seulement se distinguent parmi les cinquante en tant que bons compétiteurs. Ce nombre est suffisant pour remporter des résultats en compétitions individuelles ou par équipes et cela permet d'établir la réputation de leur DŌJŌ. Par-contre, du point de vue d'un KARATE-art martial, la méthode n'atteint son objectif que si elle permet de réaliser le développement physique et mental de toute la classe.

L'enseignement dispensé dans nos différents DŌJŌ S.K.I. est basé justement sur ce dernier concept du KARATE-DŌ-BUDŌ, méthode de formation morale et d'éducation générale de l'individu, Bien entendu ceci ne veut, nullement dire que nous ignorons l'aspect sportif du KARATE-DŌ, au contraire, nous sommes très conscients du rôle important des compétitions et nous recommandons vivement d'y participer.

L'auteur espère que le présent livre apportera plusieurs renseignements utiles aux lecteurs pour leur progrès en KUMITE, et que les nombreuses photos décomposant les mouvements, faciliteront la compréhension. En même temps il regrette qu'en raison de ses absences fréquentes du Japon, que la publication ait pris tant de temps en dépit de l'enthousiasme des personnes intéressées et de l'attente des nombreux lecteurs.

L'auteur a l'honneur d'avoir pour le présent livre les recommandation de M.S.Gima, maître suprême du SHOTOKAN RYŪ et de M.F.Takagi, directeur de la Fédération Japonaise de Karate-Dō.

Finalement l'auteur tient à exprimer sa profonde reconnaissance aux instructeurs H. Kasuya, S.Ichihara, S.Sugimoto, et à Mlle H.Kumakura, qui ont gracieusement accepté de poser pour les photos, à l'instructeur Ari Anastasiadis pour avoir posé et pour ses suggestions et ses précieux services dans la préparation et la traduction du texte; à M.K.Nakaichi pour ses efforts dans le travail de traduction; ainsi qu'à M.J.Saeki pour son travail de photographie.

Décembre 1986 — *Hirokazu Kanazawa*

目 次

CONTENTS
TABLE DES MATIERES

組　　　　手 ················ KUMITE ····················· 16〜19

礼 ······················· REI ···················· 20〜27

　「オス」について ················ OSS ··············23〜25

五 本 組 手 ············· GOHON KUMITE ············ 28〜33

三 本 組 手 ············· SANBON KUMITE ············ 34〜41

基本一本組手 ········· KIHON IPPON KUMITE ········· 42〜73

　　上 段 追 突 ············ JŌDAN OI ZUKI ··········· 46〜53

　　中 段 追 突 ············ CHŪDAN OI ZUKI ··········· 54〜59

　　前　　蹴 ············· MAE GERI ············· 60〜65

　　横 蹴 込 ············ YOKO KEKOMI ············ 66〜69

　　回　　蹴 ············· MAWASHI GERI ············ 70〜73

返一本組手 ········· KAESHI IPPON KUMITE ·········· 74〜85

自由一本組手 ········· JIYŪ IPPON KUMITE ········· 86〜129

　　上 段 追 突 ············ JODAN OI ZUKI ··········· 90〜95

　　中 段 追 突 ············ CHŪDAN OI ZUKI ··········· 96〜101

前　　蹴	MAE GERI	102〜109
横　蹴　込	YOKO KEKOMI	110〜113
回　　蹴	MAWASHI GERI	114〜117
後　　蹴	USHIRO GERI	118〜121
上 段 刻 突	JŌDAN KIZAMI ZUKI	122〜125
中 段 逆 突	CHŪDAN GYAKU ZUKI	126〜129

送自由一本組手	OKURI JIYŪ IPPON KUMITE	130〜145
八 方 組 手	HAPPŌ KUMITE	146〜153
自 由 組 手	JIYŪ KUMITE	154〜185
標 的 練 習	HYŌTEKI	186〜195

思い出に残る勝負 （対 津山、三上戦）	{ KANAZAWA − TSUYAMA KANAZAWA − MIKAMI	196〜201
段級審査表	KYŪ − DAN	202〜209
S.K.I. 総本部及び国内支部連絡先一覧		210〜211

P45，77，133，149の写真は「日本の武道——空手道」による（講談社刊、小林　洋　撮影）
Photos P45, 77, 133, 149 from the book「Nihon-no Budō-Karate-Dō」
Courtesy Kodansha Publishing Co., Ltd.
Photo by Yoh Kobayashi.

記号の説明

KEY TO MOVEMENTS ◆◆ **EXPLICATION DES SIGNES**

▶◀ 気合／KIAI

○防禦 DEFENDER／ATTAQUÉ
●攻撃 ATTACKER／ATTAQUANT

●写真とカメラ位置

CAMERA POSITION AND DIRECTION OF MOVEMENTS
◆◆
CAMERA ET DIRECTION DES MOUVEMENTS

正面
SHOMEN

映画出演の一コマ(インド・カルカッタ)
Action photo taken in a movie in India.

組　手

　型は敵を仮想して、単独で攻防の技の使い方、体の動き等を練習するものです。一言にしていえば、種々の技を納めている蔵（くら）といえます。

　組手とは、型に蔵（ぞう）されているあらゆる攻防の技を実際にあてはめて、二人相対して（又は複数）使うものです。したがって組手は型の応用であり、間合のある型といえます。型と組手は、空手道における車の両輪といえましょう。

　昔、沖縄での練習ではもっぱら型を主体として行なわれ、時々、突、受の強さを試す「カケダメシ」と称するものを、行なっているに過ぎませんでしたが、船越先生によって、日本本土に導入された後、基本的な組手が開始され、型と組手が同比重の練習対象となりました。その後、次第に研究が積まれ、進歩して現在の競技組手にまで発展したものです。

　組手には、手順を約束して行なう「約束組手」と、自己の力を実際に試すという意味から、自由に攻防を展開する「自由組手」があります。

　約束組手の中には、さらに①鍛錬を主体としたもの　②正しい技の修得を目的としたもの　③実戦に最も大切なタイミング、間合のとり方、転身、体捌（たいさば）等を体得するための組手に分類されます。

　もっとくわしく説明してみますと、熟練の程度に応じて基礎的な体力、身構え、気構え、運足、呼吸法を習得するための**①鍛錬組手**と、基本的技の公式的運用と、立方を主眼とした**②基本組手**があります。どちらも一定の間合をとって位置し、攻撃と防禦を約束して交互に行なう組手です。やや実際に近く任意の間隔から思い切り攻撃と反撃を行ない、間合の研究と攻防の「カン」を養成させ、転身、体捌等を修練する**③約束自由組手**もあります。

　さらに最終的段階の組手として、何等の約束も申合せもなしに精神的、肉体的の対敵動作を最高度に発揮させる**④自由組手**があります。

　攻撃に用いる突、打、蹴は、目標の寸前で止め、相手の体に当てることを厳禁しています。猛烈に飛ばす突、打、蹴も、目標寸前でピタリと止めなければなりません。

　この自由組手も、実戦を仮定した試合組手と、スポーツとしての、競技組手の二種に分かれます。以上を表にあらわすと18頁の通りです。

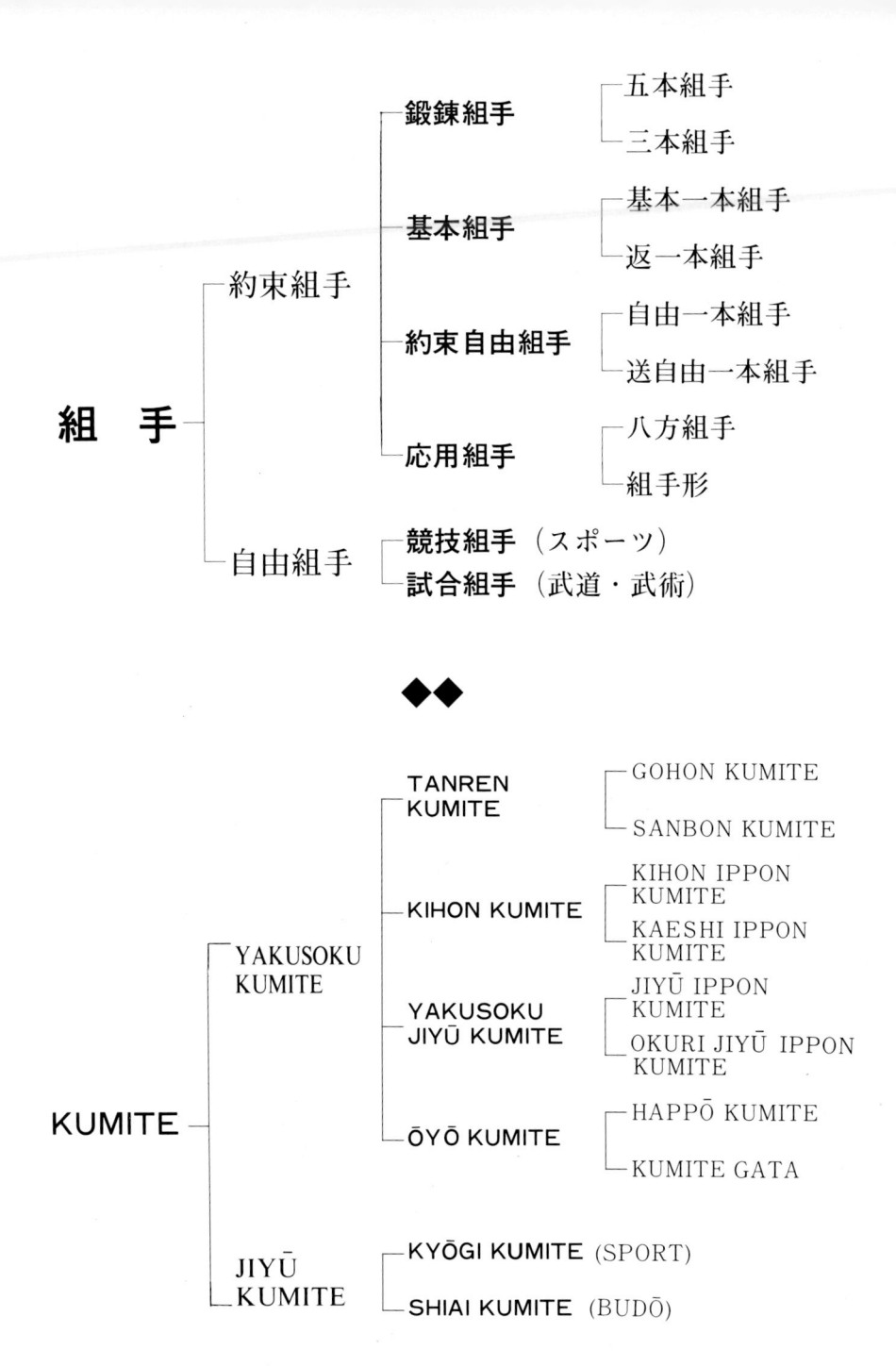

```
                          ┌─ 鍛錬組手 ──┬─ 五本組手
                          │            └─ 三本組手
                          │
                          │            ┌─ 基本一本組手
                          ├─ 基本組手 ──┤
                          │            └─ 返一本組手
              ┌─ 約束組手 ─┤
              │           │              ┌─ 自由一本組手
              │           ├─ 約束自由組手 ┤
組　手 ───────┤           │              └─ 送自由一本組手
              │           │
              │           │            ┌─ 八方組手
              │           └─ 応用組手 ──┤
              │                        └─ 組手形
              │
              │           ┌─ 競技組手（スポーツ）
              └─ 自由組手 ┤
                          └─ 試合組手（武道・武術）
```

◆◆

```
                                       ┌─ GOHON KUMITE
                       ┌─ TANREN KUMITE ┤
                       │                └─ SANBON KUMITE
                       │
                       │                ┌─ KIHON IPPON KUMITE
                       ├─ KIHON KUMITE ─┤
                       │                └─ KAESHI IPPON KUMITE
           ┌─ YAKUSOKU ┤
           │   KUMITE  │                       ┌─ JIYŪ IPPON KUMITE
           │           ├─ YAKUSOKU JIYŪ KUMITE ┤
KUMITE ────┤           │                       └─ OKURI JIYŪ IPPON KUMITE
           │           │
           │           │              ┌─ HAPPŌ KUMITE
           │           └─ ŌYŌ KUMITE ─┤
           │                          └─ KUMITE GATA
           │
           │   JIYŪ    ┌─ KYŌGI KUMITE (SPORT)
           └─ KUMITE ──┤
                       └─ SHIAI KUMITE (BUDŌ)
```

KUMITE

In KATA, we learn with an imaginary opponent, only the body movements and the use of a wide range of techniques of attacks and blocks.

In KUMITE, we learn to apply, against one or many opponents, all the techniques found in KATA. Thus KUMITE is the practice of KATA with MAAI. The importance of KATA and KUMITE in KARATE-DŌ can be compared to the two wheels of a cart.

When KARATE was originally practised in OKINAWA, the training was mainly KATA with sometimes "KAKE DAMESHI" (test to withstand TSUKI and UKE). It is only after KARATE was introduced in Japan Proper by master FUNAKOSHI that an elementary form of KUMITE started to be practised and the same importance was given to KATA and KUMITE. Through many long years of effort and study it became the contest KUMITE of nowadays.

KUMITE is divided in two groups:
1) YAKUSOKU KUMITE:
The techniques and the level of attacks are pre-determined (YAKUSOKU).
2) JIYŪ KUMITE:
The attacks and blocks are free (JIYŪ) to test one's ability.

In YAKUSOKU KUMITE we distinguish:
1) KUMITE that emphasize the training of basic techniques.
2) KUMITE aiming at the proper execution of the techniques.
3) KUMITE to acquire the most important basic principles of Fighting: Timing, MAAI, TENSHIN, TAI SABAKI, etc,
1) TANREN KUMITE
AIM: To acquire the physical (MIGAMAE) and mental (KIGAMAE) preparation for the execution of a technique added to proper breathing when using the stepping techniques (UNSOKU) always taking in consideration the technical level of the participants.
2) KIHON KUMITE
AIM: To learn the different stances while executing basic techniques.
These two KUMITE are executed as follows.
Facing each other at a certain distance, the attacker and the defender execute their techniques in turn.
3) YAKUSOKU JIYŪ KUMITE
AIM: Unlike the above mentionned, this KUMITE is more realistic as there is no specific distance between the attacker and the defender. This improves the TAI SABAKI, TENSHIN, MAAI and mainly, awareness when fighting (KAN).

JIYŪ KUMITE
AIM: This is the final step in KUMITE. Attacks and blocks are used freely without warning. TSUKI, UKE and KERI must be controlled. Contact is strictly forbidden.
JIYŪ KUMITE is divided into: KYŌGI KUMITE and SHIAI KUMITE.

KUMITE

L'étude des KATA nous permet d'apprendre, seul, avec un partenaire imaginaire, le travail de la forme du corps et l'emploi de différentes techniques d'attaques et de défenses permettant un éventail de techniques diverses.

Ainsi regroupées dans les KATA, c'est en KUMITE que toutes ces techniques sont mises en application contre un ou plusieurs adversaires. Le KUMITE est donc l'application des KATA. C'est le KATA pratiqué avec MAAI. On peut comparer l'importance des KATA et du KUMITE en KARATE-DO à celle des deux roues d'une charrette.

À l'époque où le KARATE était à l'origine pratiqué à OKINAWA, l'entraînement consistait principalement dans l'étude des KATA avec parfois "KAKE DAMESHI" (épreuve de résistance aux TSUKI et UKE). Ce n'est qu'après l'introduction du KARATE dans les Iles Principales par le maître FUNAKOSHI que l'on commença a pratiquer une forme élémentaire de KUMITE et accorder la même importance aux KATA et au KUMITE. Ce dernier, après de longues années d'études et d'efforts fut perfectionné pour devenir le KUMITE de compétition actuel.

LE KUMITE se divise en deux parties:

1) YAKUSOKU KUMITE:
Les techniques d'attaques, et le niveau de travail sont déterminés à l'avance. (YAKUSOKU)

2) JIYU KUMITE:
Les attaques et les défenses s'exécutent librement (JIYU) pour mettre à l'épreuve l'habileté individuelle.

Dans le YAKUSOKU KUMITE on distingue:
1) Les KUMITE axés principalement sur l'entraînement de base.
2) Les KUMITE visant l'exécution correcte des techniques.
3) Les KUMITE pour acquérir les éléments les plus importants du combat: Timing, MAAI, TENSHIN, TAI SABAKI, etc.

TANREN KUMITE. **BUT**: Acquérir le travail de la forme du corps et la préparation physique (MIGAMAE) et mentale (KIGAMAE) dans l'exécution d'une technique, ainsi que les techniques de déplacements (UNSOKU) alliées au contrôle de la respiration, tout en prenant en considération le niveau technique des pratiquants.

2) KIHON KUMITE. **BUT**: Apprendre les différentes positions tout en exécutant les techniques fondamentales.

Ces deux KUMITE s'exécutent de la façon suivante:
Les partenaires face à face, se placent à une certaine distance, puis ils exécutent les techniques alternativement.

3) YAKUSOKU JIYU KUMITE. **BUT**: Contrairement aux précédents, ce KUMITE est exécuté dans un but plus réaliste, car la distance arbitraire permet de perfectionner les TAI SABAKI, TENSHIN, MAAI et surtout l'intuition dans le combat (KAN).

JIYU KUMITE . **BUT**: C'est la dernière étape du KUMITE. Il n'y a aucun accord préalable, les TSUKI, UCHI et KERI doivent être rigoureusement contrôlés. Il est formellement interdit de toucher.

JIYU KUMITE se divise en: KYOGI KUMITE et SHIAI KUMITE.

礼

〈礼とは〉礼は空手道を始めると同時に共に学び、共にあらねばなりません。空手道は格闘技ではありますが、格闘技それ自体に意義や目的があるのではなく、その試練を乗り越えて道を学び、道を知り、道に達するところにその目的があります。船越先生が松涛20訓の中で、「空手は礼に始まり、礼に終わる」と述べておられるように、「礼」無くして空手道はありません。

礼とは人と相対して、まずその人格を尊重すると共に、これに敬意をあらわすことによって、お互いの信頼と好感の持てる人間関係を正しく守る、す直な心構えをいいます。社会においては人と人との交際を整え、社会秩序を保つ道であり、この精神をあらわす作法が礼儀です。空手道を学ぶものは、内に礼の精神を深め、常に礼儀正しくあらねばなりません。

「平常心是空手道、日々の心怠る不可(べからず)」であります。以上、礼についてかたくるしく申し述べましたが、一般的にはお互いが相対して、双方が頭を下げ合い、互いの信頼と尊敬の念を認め合う作法を、礼と呼んでいます。

〈作法〉組手の時の礼について説明するならば、お互いに自然体八字立に相対した場合、まず攻撃者は右足、防禦者は左足をそれぞれ引き寄せ、結立直立姿勢となります。

目と目を合せてから背筋を伸ばしたまま、腰より約30度上体を前に傾けて礼をします。その時に目は相手を周辺視します(1秒間)。直立姿勢に戻り、目と目を合せてから自然体八字立となります(結立の時に、引き寄せた足を開きます)。お互いに用意(起勢)の体勢を確認の後、攻防の構をとります。

五本、三本、基本一本組手の場合は、お互いが八字立自然体になり、一定の間合をとり、攻撃者は右(左)足を一歩後退して前屈立、左(右)下段払の構となり、攻撃目標を伝えます。

防禦者は八字立自然体のまま構えて待ちます。攻撃者が一歩退って構えるのも、相手に対する礼儀です。基本練習の場合は、闘志(やる気)をあらわす意味もあり、一歩前進して構えます。

防禦者の反撃後は、移動した方の足を吸気と共に引き寄せ、双方共八字立自然体にかえります。そして吐気と共に腹を中心に絞りながら、気を下腹に落とし、次の体勢をとります。

礼にしろ構にしろ、組手にしろ、その動きと意識に調和した呼吸法を行なうことが大切です。

REI (BOW)

The first lesson in KARATE begins with the practice of REI. Then it is always practiced and reminded. Its importance is stressed even more when beginning training in KUMITE.

Only those who understand the depth of its meaning reach a high level of proficiency. KARATE-DŌ is a martial art and as such has no end or explanation in itself. It is through a process of hard training and rigorous discipline that we try to understand and reach the Way (MICHI or DŌ). Master FUNAKOSHI was fully aware of its importance as he often reminded his students of it, and one of the twenty principles (SHŌTŌ NIJUKKUN) is that KARATE begins with REI and ends with REI.

The REI may be defined as the will to establish a relationship based on mutual trust, goodwill, understanding, and respect of individual feelings by showing our respect. In society, it is a means of maintaining harmony between people for a better society. The REIGI is the code (SAHŌ), or the way of expressing this concept. Those who learn KARATE-DŌ must understand the depth of the meaning of REI and always behave according to the principles of REIGI.

KARATE-DŌ is natural and should be applied to daily living. In practice REI is a ceremony or a formality by which two people facing each other exchange mutual signs of their respect and trust.

SAHŌ: How to execute correctly the REI in training or in KUMITE.

The two partners face each other, in the position SHIZENTAI HACHIJI DACHI, They assume the position MUSUBI DACHI (heels together), the attacker bringing his right foot to his left foot and the defender his left foot to his right. They look at each other in the eyes for a moment. Then, leaning forward with the upper body straight, at an angle of approximately 30 degrees with a total view of the opponent's lower body without staring at any specific point (one second). They straighten up, look at each other in the eyes and then resume the stance HACHIJI DACHI (the feet return to their original position). When they are ready to begin (KISEI), they assume their respective stances.

For instance, in GOHON, SANBON and KIHON IPPON KUMITE, from their respective stances, at a certain distance (MAAI) from SHIZENTAI HACHIJI DACHI, the attacker steps back with his right foot (or left) to assume ZENKUTSU DACHI, HIDARI GEDAN BARAI or (MIGI) and informs his opponent of the target and type of attack, while the defender maintains his position. The attacker must retreat. This is part of the REIGI towards his partner.

After each execution, each returns to his initial position of SHIZENTAI HACHIJI DACHI by inhaling while bringing the displaced foot back, then exhaling while tensing the abdomen (HARA) with the feeling that the KI is in the lower abdomen ready for the next movement.

It is of utmost importance that breathing is linked to the proper movement and awareness of the situation, whether executing REI, taking a position, or practising KUMITE. Always remember that breathing has a very great influence not only on the health, but also on the physique, ability, technical level (power-speed) and the brain of a person.

REI (SALUT)

Dès la première leçon de KARATE on apprend le REI. Ensuite, il est toujours pratiqué et rappelé. Il devient très important lorsqu'on aborde l'étude du KUMITE.

Seuls, ceux qui comprennent la profondeur de son sens peuvent atteindre une grande compétence. Le KARATE est avant tout un art martial. L'art martial n'a en soi ni fin, ni explication. Pour apprendre et comprendre la voie (MICHI ou DŌ), il faut passer à travers des entraînements durs et de rudes épreuves de discipline. L'importance du REI, sans lequel le KARATE-DŌ cesserait d'exister était entièrement reconnue par maître FUNAKOSHI qui rappelait souvent son importance à ses élèves dans un de ses vingt principes (SHŌTŌ NIJUKKUN) "Le KARATE débute avec REI et se termine avec REI."

Le REI se définit par la volonté d'établir une relation basée sur la confiance mutuelle, la bonne volonté, la compréhension et le respect des sentiments mutuels en démontrant notre respect. Dans un groupe social, c'est un moyen de rétablir les rapports humains et maintenir l'harmonie dans la société. Le REIGI, est le code (SAHŌ), ou le moyen d'exprimer cette pensée.

Ceux qui apprennent le KARATE-DŌ doivent approfondir leur compréhension du REI en se comportant toujours selon les principes du REIGI. L'ordinaire c'est le KARATE-DŌ. il faut l'appliquer dans la vie quotidienne. En pratique, le REI est la formalité ou la cérémonie entre deux personnes qui s'échangent leur respect et leur confiance.

SAHŌ: Comment exécuter correctement le REI, à l'entraînement, ou en KUMITE.

Les deux partenaires, face à face, en position SHIZENTAI HACHIJI DACHI, prennent la position MUSUBI DACHI (talons joints). L'attaquant rapproche le pied droit de son pied gauche et l'attaqué rapproche le pied gauche de son pied droit. Ils se regardent dans les yeux pendant un instant, ensuite, ils s'inclinent en avant, en gardant le buste droit à un angle de 30 degrés environ, en regardant tout le bas du corps de l'adversaire, sans toutefois fixer un point précis (pendant une seconde). Ils se redressent, se regardent de nouveau dans les yeux, puis reviennent à la position HACHIJI DACHI (les pieds reviennent à la position initiale. Dès qu'ils sont prêts à commencer (KISEI), ils prennent leur position respective.

Par exemple, dans le GOHON, SANBON et KIHON IPPON KUMITE, de leur position respective de SHIZENTAI HACHIJI DACHI, en prenant une certaine distance (MAAI) l'attaquant recule son pied droit (ou gauche) en ZENKUTSU DACHI, HIDARI ou (MIGI) GEDAN BARAI et avise l'attaqué du niveau et de la technique employée tandis que l'attaqué garde sa position. L'attaquant doit reculer, cela fait partie du REIGI envers son partenaire.

Après chaque exécution, chacun revient à la position initiale de SHIZENTAI HACHIJI-DACHI en ramenant le pied déplacé en inspirant, puis en contractant le ventre (HARA) en expirant avec la sensation que le KI est dans le bas-ventre prêt pour le mouvement suivant.

Il est très important que la respiration soit alliée à un mouvement correct tout en étant conscient de la situation: que ce soit en exécutant le REI, en prenant une position, ou en pratiquant le KUMITE. La respiration, il faut toujours s'en souvenir, a une influence considérable non seulement sur l'état de santé, mais aussi, sur le caractère, la constitution, l'habileté (puissance, vitesse) et le cerveau de la personne.

「オス」について

　「オス」という言葉は、松涛館系の空手界では今や日本語というより、国際語として万国共通の挨拶の合言葉となっています。
　たとえば、「おはようございます」「今日は」「今晩は」「ありがとう」「よろしく」「さようなら」「わかりました」といった挨拶の代名詞ともいえます。しかし、その言葉を発する場合は、相手の人格を尊重し、信頼と誠意をもって腹の底より「オス」と声を発して、正しく一礼しなければなりません。
　「オス」とは押し忍ぶという意味から、「押忍」、英語では「ＯＳＳ」と書きます。すなわち「押」は何事においても前進的な姿勢で立ち向かい、押して押して押しまくるという闘志と努力の精神を意味したものです。
　「忍」は、どんな苦しみや悩み、スランプ状態のカベにぶち当った場合でも、あきらめず、挫折することなく耐え忍び、機会を待つという勇気と、忍耐の精神を意味したものです。
　若さとはどんな苦しみにも厳しさにも耐えられる、肉体と精神を兼ね備えているということです。しかし、その若さの象徴も常日頃鍛えなければ、決して強くはなりません。「玉も磨かざれば光らず」です。
　そこで若者がその教訓を常日頃忘れないよう、またその心構えを互いに伝え励まし合う教訓的な言葉として、「押忍」という挨拶が交わされるようになったものです。最初に押忍が使われたのは、海軍兵学校であったと聞いています。
　日本では、一部誤解されている面もあり、現在オスの使用が禁じられているところがあります。これは過去に大会場などで、やたらにオス、オス、とがなりたて、他人に迷惑を掛けたものがあったためと思います。
　押忍はやたらと軽々しく用いるものではなく、今後とも態度、心構え、発声の調和に留意していただきたいものです。アゴを引き、背すじを伸ばし、押忍の発声と同時に一礼をするのは、気と力を下腹（丹田）に詰める動きであり、呼吸法であり、音声であります。阿吽、即ち陰陽の法則で表現するならば、押忍の呼吸と音声は陰です。
　私としては、押忍を廃止することよりも、押忍についての意義と効果と方法を指導し、理解していただくことに、努力していただきたいと思います。

OSS

The word "OSS", of Japanese origin, has become an almost vernacular word in the world of KARATE, understood and exchanged among numerous practitioners of many nationalities, not only on the occasion of every day greetings but also in place of expression such as "Thank you" "Glad to meet you" "Good by" "Understood" and "I understand". It must be uttered from the lower abdomen with a properly executed bow, showing respect, sympathy, and trust to the other party.

The ≪OSS≫, a phonetic transcription, is in fact, written with two chinese characters. ≪押忍≫ The first character ≪押≫, meaning literally, "pushing", symbolizing the fighting spirit, the importance of effort, and facing all obstacles, pushing them away, with a positive and unchanging attitude. The second ≪忍≫ meaning literally, "suffering", expresses the courage and the spirit of perseverance; suffering pains and resisting depression with patience and without giving up, always keeping sprits high.

Youth, possesses these physical and moral qualities which enables it to face any ordeal and this defines youth. Nevertheless they will be maintained and developed only with persistant daily effort. As it is often said, "Talent is nothing without effort". The key word "OSS" used to recall this saying to the young in order to encourage them to make a resolution, to convey it to each other and to encourage each other was, according to the author, the function of the word when it was maybe first used in the Japanese Naval School.

The word "OSS" must not be used loosely. From now on, reexamine your attitude, posture, state of mind, pronunciation, and their harmony; the torso is inclined with the trunk straight and the chin is drawn in as you pronounce the word. The movement, the breathing, and the pronunciation thus executed, all contribute to the filling of the lower abdomen (TANDEN) with KI and power. If we refer to the principles of 《AUN》 when you express "OSS", the breathing and sound is IN. AUN(a-u-n), a form of breathing method to bring One into harmony with the Universe, means 《Heaven and Earth》 《Yin and Yang》 《Inyo》, which are the opposite components (negative and positive elements) that make up our Universe.

As far as the author is concerned, he is trying and will try to let the world know the meaning, value, and manner of executing this word,

OSS

Le mot "OSS", d'origine Japonaise, est devenu pratiquement un langage véhiculaire dans le monde du KARATE, compris et échangé parmi de nombreux pratiquants de plusieurs nationalités non seulement à l'occasion des accueils quotidiens mais aussi pour remplacer des expressions telles que "Merci", "Enchanté(e)", "Au revoir", "Entendu" et "J'ai compris". Il doit être être émis du bas-ventre et être accompagné d'un salut approprié qui dénote du respect, de la sympathie et de la confiance envers le prochain.

Le 《OSS》, transcription phonétique, s'écrit, en fait, en deux caractères chinois 《押忍》 · Le premier caractère 《押》, signifiant littéralement 《pousser》, symbolise l'esprit combatif, l'importance de l'effort, et d'affronter tous les obstacles, les repousser et avancer avec une attitude positive immuable.

Le second 《忍》, signifiant 《souffrir》, exprime le courage et l'esprit de persévérance; supporter les douleurs, et résister aux moments de dépression avec patience et sans renoncer, en gardant toujours le moral haut.

La jeunesse possède ces qualités physiques et morales pour affronter toutes les épreuves, et c'est ce qui définit la jeunesse. Cependant, elles seront, maintenues et développées seulement par un effort quotidien persévérant. "Le talent n'a aucune valeur sans le travail," comme on dit. Le mot d'ordre pour rappeler cette maxime aux jeunes pour qu'ils prennent une résolution, se la communiquent et s'encouragent mutuellement était d'après ce qu'a appris l'auteur, la fonction du mot 《OSS》, lorsqu'il fut employé, pour la première fois peut être, parmi les élèves de l'Ecole Navale Japonaise.

Le mot OSS ne doit pas être prononcé à la légère. Dès maintenant refaites un examen de votre attitude, posture, état d'esprit, prononciation et de leur harmonie; le buste s'incline tout en gardant le tronc droit, menton rentré, tout en articulant le mot. Le mouvement, la respiration et l'articulation ainsi exécutées contribuent tous a remplir le bas-ventre (TANDEN) avec du KI et de la force. Si l'on se réfère aux principes de 《AUN》 quand on exprime 《OSS》, la respiration et le son s'exécute en IN. AUN, (a-u-n) une méthode de respiration pour harmoniser l'Etre avec l'Univers, signifie 《Ciel et Terre》, 《Yin et Yang》 (Inyo) qui sont les éléments contraires (négatifs et positifs) qui composent notre Univers.

De sa part, l'auteur essaye et tâchera de faire connaitre au monde la signification, la valeur et la façon d'exécuter ce mot.

礼と節

礼とは人と交わるに当たり、まずその人格を尊重し、これに敬意を表わすことに発し、人と人との交際をととのえ、社会秩序を保つ道であり、節はこの精神を表わす作法である。空手道を学ぶものは、うちに礼の精神を深め、外に節を正しく守ることが肝要である。

REI and SETSU

The REI is, above all, the will to res pect. human dignity and to show this respect. It is a way of improving the relationship between individuals which, in turn, is a factor in the social order. SETSU is the way to express this concept , Those who practice KARATE-DŌ must deepen their understanding of the spirit of REI and, in all human relationships, observe strictly, the rules of SETSU.

REI et SETSU

Le REI est avant tout, la volonté de res pecter la dignité humaine et de démontrer ce respect. C'est le moyen d'améliorer les rapports humains et, par la suite est un facteur dans l'ordre social. SETSU est l' expression de cette attitude.
Ceux qui pratiquent le KARATE-DŌ doivent approfondir leur compréhension de l'esprit du REI, et observer rigoureu sement les règles de SETSU dans tous les rapports humains.

礼

① 自然体　② 結立　③ 礼　④ 結立
⑤ 自然体　⑥ 下段払用意の構

REI

① SHIZENTAI　② MUSUBI DACHI
③ REI
④ MUSUBI DACHI　⑤ SHIZENTAI
⑥ GEDAN BARAI YOI NO KAMAE

五本組手

〈練習の目的〉身構え、気構え、呼吸法、運足等の基本的な鍛錬法です。すぐれた体力、気力というものは、後天的に養成されるものなので、遺伝のような形で個人に備わっているものではありません。すべてその人の努力次第といえます。そしてそのトレーニング法は、合理的で厳しいものを心掛けて下さい。肉体的過労を生じる程の鍛錬を積まないと、心技体の向上は望めませんが、疲労回復のための自己管理が最も大切です。

五本組手は、基本的な突き、蹴り、受け、立ち方を実際に相手を置いて、正確にしかもより強く運用するための練習法なので、単調な動作ではありますが、真剣に力強く行なわなければなりません。

立ちと姿勢、どんな強い突き技でも受けれる、受け腕と技、それに攻撃、防禦の際の移動（運足）時に、体勢が崩れない強い脚と腰、体力と持久力等を養なう**身構え**と、闘志、気力、気魄、忍耐力、集中力、冷静心、自信等の総合的精神力を養なう**気構え**について、実際に相手を置いて、正確にしかもより強く鍛錬するための練習法なのです。

〈技法と用法〉攻撃者と防禦者ともに、上体は脳天で天井を突き上げる気持で、頭頂を突き上げ、顎を十分に引き、耳と肩は直角、鼻とヘソの線は垂直になるよう、首筋と背筋をあくまで伸ばすように心掛けます。以上は基本、型、すべてにいえることであります。

攻撃者は構えた姿勢から攻撃目標を伝えたのち、素早く、強く、しかも正しく連続攻撃を仕掛けます。この場合に大切なのが、素早い運足と腰の移動です。五本の攻撃については、一つ一つの攻撃に一拳必殺の気魄をもって行なうことです。

防禦者は相手の気魄に負けないだけの気を全身にみなぎらせ、連続攻撃に対してあわてず確実に受けます。

GOHON KUMITE

AIMS: This basic form of training in fundamental techniques teaches MIGAMAE (physical readiness), KIGAMAE (mental preparation), ways of breathing and UNSOKU (moving and stepping).

The MIGAMAE comprises the techniques of TSUKI, resisting the strongest blocks and UKE blocking the TSUKI, regardless of the power, and the positions, stances and posture of the hips and legs, which must maintain a steady and strong position while attacking or defending.

The KIGAMAE involves the mental aspects like fighting spirit, mental attitude, tenacity, perseverance, concentration, coolness and confidence. All depends on the efforts of the individual.

In GOHON KUMITE the execution of TSUKI, KERI and UKE between the two partners is based on simple fundamental techniques practised with seriousness.

METHOD · TECHNIQUES: When performing, we should have the feeling that the crown of the head is pressed upward. The upper body and head must be straight with the nose and navel in the same vertical line. This a general principle which also applies to KATA and KIHON.

The movement should be performed swiftly and five times in succession. The defender must block with a fighting spirit.

GOHON KUMITE

BUT: C'est un exercice fondamental d'entraînement au MIGAMAE (préparation physique), KIGAMAE (préparation mentale), mode de respiration et UNSOKU (déplacements).

Le MIGAMAE comprend les techniques de TSUKI résistant aux plus forts blocages, et celles de UKE ripostant aux TSUKI indépendamment de leur puissance avec des positions, et des postures ainsi que des hanches et des jambes capables de maintenir des positions solides lors des déplacements en attaque comme en défense.

Le KIGAMAE implique les facultés mentales: esprit combatif, mental, tenacité, persévérance, concentration, sang-froid et confiance. Tout dépend des efforts de chacun.

En GOHON KUMITE on exécute avec un partenaire les TSUKI, KERI, UKE avec des position fondamentales, c'est des mouvements très simples, et doivent être pratiqués avec beaucoup de sérieux.

MÉTHODE · TECHNIQUES : Le pratiquant doit avoir l'impression de pousser le sommet de la tête vers le haut en gardant le buste droit, la tête et les épaules redressées avec le nez et le nombril sur la même ligne verticale. C'est un principe général qui s'applique aussi aux KATA et KIHON.

La technique doit être exécutée rapidement et cinq fois de suite. L'attaqué doit bloquer avec un esprit combatif.

五本組手
上段

No.1

構えた姿勢から思い切り相手の顔面を攻撃する。上段を連続攻撃すると腰が浮いてくるが、最初の一本目より二本目、三本目と、次第に腰を落としながら攻撃する。

相手に連続で攻撃されると、その攻撃が早ければ早い程、防禦者は逃げ腰になるが、自信をもって後方に捌きながら腰の回転を利用して受ける。

①〜5－A 上段揚受　⑤ 中段逆突 ▶◀

GOHON KUMITE
JŌDAN

No.1

From the defense position, attack thoroughly aiming at the face, The hips must remain very low. Maintain your confidence, even if the attacker is rushing, one must retain a calm mind and react without emotion. When stepping back, blocking is executed with the rotation of the hips.

①〜5-A　JŌDAN AGE UKE
⑤ CHŪDAN GYAKU ZUKI ▶◀

GOHON KUMITE

JŌDAN

No.1

De la position de défense, attaquer à fond en visant le visage. Garder en tout temps les hanches très basses. L'attaqué doit maintenir un esprit calme, garder son sang-froid et réagir sans émotivité, même si l'attaquant se précipite sur lui. En reculant, les blocages sont exécutés avec la rotation des hanches.

五本組手
中段

GOHON KUMITE
CHŪDAN

No.2
　相手の水月めがけ、背面まで突き貫く気魄をもって素早く攻撃する。中段の連続攻撃の場合は上体が前傾してくるが、下腹で攻撃する気持で仕掛ける。

　腕で受けるというよりも、腰と体で受ける気魄を持ち続けることが大切。その気持が、五本目の反撃の決め技に生きてくる。

No.2
　Immediately attack SUIGETSU (solar plexus). When attacking, the attacker must think of attacking through the opponent. In order to avoid leaning forward, try to push with your lower abdomen.

　When blocking, always remember that the techniques are used with the hips and body and not only with the arms. After the fifth attack, counter-attack with the same determination.

①〜5—A 中段外腕受　⑤ 中段逆突

GOHON KUMITE

CHŪDAN

No.2

Attaquer rapidement SUIGETSU (plexus solaire). Le coup doit être porté avec l'idée de traverser le corps de l'adversaire. Pour éviter de pencher vers l'avant, pousser avec le bas-ventre.

Toujours se rappeler que les blocages s'exécutent avec les hanches et le corps et non seulement avec les bras. Après la cinquième attaque, contre-attaquer avec la même détermination.

①~ 5 -A   CHŪDAN SOTO UDE UKE
⑤ CHŪDAN GYAKU ZUKI |▶◀|

三本組手

〈練習の目的〉身構え、気構え、呼吸、運足、体力等の基本的鍛錬という意味においては、五本組手と全く同じです。しかし五本組手の場合は、上段なら上段、中段なら中段のみ同じ目標を五回連続して攻撃するのにくらべ、三本組手は上段、中段、前蹴と攻撃目標を変えて三回連続攻撃します。

防禦(ぼうぎょ)側も五本組手の場合は、同じ受技により連続五回受け、五本目に反撃技で決めるのにくらべ、三本組手は異なる三本の攻撃技に対応した受技をもって連続防禦を続け、三本目の受技後、ただちに反撃して決めます。

持久力増強という面では五本組手に劣りますが、連続動作の場合のバランスのトレーニングの面では有利です。

なお、三本組手は、左右ともに行なって一組となります。

〈技法と用法〉攻撃者は、五本組手の時と同じ身構え、気構えをもって構えた姿勢から上段、中段、前蹴と、相手に攻撃目標を伝えた後、強く正確に連続して攻撃します。下腹に気力を詰め、気魄(きはく)に満ちた姿勢をくずさず、一つ一つの攻撃技に、下腹の気力を爆発させます。

防禦者は攻撃者に負けないだけの気構えをもって対応します。そのためには相手の呼吸を読みとり、動きを見きわめることです。

攻撃者も防禦者も、技を掛ける場合の呼吸法が大切です。例えば運足½までは吸気し、あとの½の運足と同時に吐気しながら、攻撃または防禦の技を掛けます。

鍛錬組手は自由組手の基礎となりますので、努力してほしいと思います。

SANBON KUMITE

AIMS: Like GOHON KUMITE, it is a fundamental training to acquire these important factors: MIGAMAE, KIGAMAE, UNSOKU, breathing and physical power. The attacks are performed consecutively with a different technique at a different level, three times "JŌDAN, CHUDAN, MAE GERI". The defender, each time, uses an adequate blocking technique and counters immediately after the third UKE. We would like to remind you that in GOHON KUMITE, the attacker repeated the same attack five times whether JŌDAN or CHŪDAN, The defender used the same blocking technique five times counter-attacking after the last one.

In comparison to GOHON KUMITE, it does not develop to the same extent, the physical resistance. The advantage of this KUMITE lies in its effectiveness as a complete training method to maintain the balance during a continuous movement. It should be executed from both sides.

METHOD · TECHNIQUES: As in GOHON KUMITE, the attacker must keep the MIGAMAE and KIGAMAE. From the defense position he warns the defender "JŌDAN, CHŪDAN, MAE GERI," then concentrating his mind on the lower abdomen, attacks successively with forcefulness and with concern for accuracy. He must always possess the fighting spirit and make it explode in each attack.

The defender, likewise blocks with an equal determination. He must observe carefully the breathing and movement of his opponent.

SANBON KUMITE

BUT: C'est un entraînement fondamental comme le GOHON KUMITE pour l'acquisition des facteurs importants: MIGAMAE, KIGAMAE, UNSOKU, respiration et puissance physique. L'attaque s'effectue trois fois de suite en changeant de niveau et de technique: "JŌDAN, CHŪDAN, MAE GERI". L'attaqué se défend chaque fois, avec une technique correspondant à chacune des trois attaques distinctes et contre-attaque immédiatement après le troisième UKE. Rappelez vous qu'en GOHON KUMITE, l'attaquant répétait cinq fois de suite la même attaque selon le cas: JŌDAN ou CHŪDAN et l'attaqué exécutait la même technique de défense cinq fois pour contre-attaquer après la dernière.

Comparaison avec GOHON KUMITE: Bien qu'il ne développe pas au même degré l'endurance physique, l'avantage de ce KUMITE réside dans son efficacité en tant qu'entraînement complet pour le maintien de l'équilibre au cours d'un déplacement continuel. Il doit être exécuté des deux côtés.

MÉTHODE · TECHNIQUES: L'attaquant doit garder les MIGAMAE et KIGAMAE comme en GOHON KUMITE.

En position de défense, il prévient l'attaqué "JŌDAN CHŪDAN, MAE GERI" puis, l'esprit concentré sur le bas-ventre, attaque successivement avec vigueur et souci de précision. Il doit toujours être animé d'un esprit combatif et le faire exploser à chacune des attaques.

L'attaqué, de son côté, riposte avec autant de détermination (KIGAMAE). Il doit observer attentivement la respiration et le mouvement de l'adversaire.

1－A ➡

三本組手 No. 1

上段・中段・前蹴

上段、中段、前蹴と、防禦者に伝えてから攻撃を開始する。連続攻撃の場合は、腰の高さを上下しないよう一定に保ちながら、目標に的確に思い切り攻撃する。

攻撃者の呼吸に自己の呼吸をあわせて移動する。二本目の受けは半の運足と同時に吸気しながら、受腕を外にひねり、側面に振り上げ後の半の運足と同時に、内捻しながら吐気と同時に中段外腕受をする。前腕の捻りと腰の回転は同時。三本目の下段払の時は、半の運足までに左受手を最短距離線上を右肩にとる。

① 上段揚受　② 中段外腕受　3 －A 下段払　③ 中段逆突 ▶◀

SANBON KUMITE No. 1

JŌDAN, CHŪDAN, MAE GERI

Attack thoroughly but with precision after warning the partner "JŌDAN, CHŪDAN, MAE GERI" Maintain the hips at the same level during all the movements. Adjust the breathing with the opponent's breathing.
(1) JŌDAN AGE UKE.
As in GOHON KUMITE.
(2) CHŪDAN SOTO UDE UKE.
Inhale as you lift the right arm to head level (back of the fist inward) during the first 3/4 of UNSOKU, block in the last 1/4 of UNSOKU, using at the same time, the twist of the wrist and the rotation of the hips.
(3) GEDAN BARAI.
Get ready by bringing the left fist on the right shoulder during the first 3/4 of UNSOKU.

① JŌDAN AGE UKE
② CHŪDAN SOTO UDE UKE

SANBON KUMITE No. 1

JŌDAN, CHŪDAN, MAE GERI

Attaquer à fond mais avec précision, après avoir prévenu le partenaire "JŌDAN, CHŪDAN, MAE GERI" Maintenir les hanches au même niveau dans tous les mouvements. Dans les déplacements, régler la respiration avec celle de l'attaquant.
(1) JŌDAN AGE UKE.
Comme en GOHON KUMITE.
(2) CHŪDAN SOTO UDE UKE.
Inspirer en levant le bras droit à la hauteur de la tête (le dos du poing vers l'intérieur) au premier 3/4 de UNSOKU. Bloquer au dernier 1/4 en exécutant simultanément la rotation du poignet et celle des hanches.
(3) GEDAN BARAI.
 Se préparer en armant le poing gauche sur l'épaule droite pendant le premier 3/4 de UNSOKU.

3-A GEDAN BARAI
③ CHŪDAN GYAKU ZUKI ▶◀

三本組手 No. 2

上段・中段・前跳

　二回目の内腕は、半の運足と同時に右受手を吸気をとりながら、左脇下（甲上向）にとる。残り半を吐気と同時に捌きながら受ける。吸気の時に胸を閉め、吐気と同時に胸を張ることを逆式呼吸法という。内腕受は逆呼吸である。

　三本目の逆下段払の受腕は、下向前方に45度の角度とする。それは次の刻突を効果的にする。

① 上段揚受　② 中段内腕受　3 -A 逆下段払　3 -B 上段刻突　③ 中段逆突 ▶◀

① JŌDAN AGE UKE
② CHŪDAN UCHI UDE UKE
3 -A　GYAKU GEDAN BARAI
3 -B　JODAN KIZAMI ZUKI
③ CHŪDAN GYAKU ZUKI ▶◀

SANBON KUMITE No. 2

JŌDAN, CHŪDAN, MAE GERI

(1) JŌDAN AGE UKE.
As in GOHON KUMITE.
(2) UCHI UDE UKE.
　Inhale as the right hand (back of the fist upward) is brought under the left armpit during the first 3/4 of UNSOKU. Block and exhale in the last 1/4.
　This way of breathing is called "GYAKU SHIKI KOKYŪHŌ" (breathing the opposite way) using the contraction of the thoracic cage when inhaling and expansion when exhaling.
(3) GYAKU GEDAN BARAI.
　The hand is brought downward at 45° to the right for a more effective KIZAMI ZUKI.

SANBON KUMITE No. 2

JŌDAN, CHŪDAN, MAE GERI

(1) JŌDAN AGE UKE.
Comme en GOHON KUMITE.
(2) UCHI UDE UKE.
  En inspirant, ramener la main droite (dos du poing vers le haut) sous l'aisselle gauche au premier 3/4 de UNSOKU. Bloquer en expirant au dernier 1/4.
Cette méthode de respiration s'appelle "GYAKU SHIKI KOKYŪHŌ" (méthode de respiration contraire), c'est à dire, contraction de la cage thoracique en inspirant et extension en expirant.
(3) GYAKU GEDAN BARAI.
  Le bras est dirigé vers le bas à 45° vers la droite permettant un KIZAMI ZUKI plus efficace.

三本組手 No. 3
上段・中段・前蹴

SANBON KUMITE No. 3
JŌDAN, CHŪDAN, MAE GERI

2回目の諸手受は、腰の捻転をきかせ、平安二段の型と同じように後屈立、上段背腕受の位置より思い切って左後方に引くと、自動的に受けが決まりやすい。

三本目の掬受は、相手の蹴を掬って引き寄せながら後屈立になる。直ちに右脚を突張り、前屈立、逆突。

①上段背腕受　②中段諸手受
3－A 掬受　③中段逆突 ▶◀

(1) JODAN HAIWAN MOROTE UKE
 KŌKUTSU DACHI: Same rotation of the hips as in the beginning of the KATA "HEIAN NIDAN"
(2) MOROTE UCHI UDE UKE
 To perform without strain, direct the arms to the rear left from the previous defense position.
(3) SUKUI UKE
 KŌKUTSU DACHI. At the same time, the hand shaped like a spoon, leads the kick. Straighten the back leg for GYAKU ZUKI in ZENKUTSU DACHI.

① JŌDAN HAIWAN UKE
② CHŪDAN MOROTE UKE

SANBON KUMITE No. 3

JODAN, CHŪDAN, MAE GERI

(1) JODAN HAIWAN MOROTE UKE KŌKUTSU DACHI. La même rotation des hanches qu'au début du KATA "HEIAN NIDAN".
(2) MOROTE UCHI UDE UKE.
  En partant de la position précédente, lancer les bras vers l'arrière gauche. Cela permet une exécution plus facile.
(3) SUKUI UKE
  KŌKUTSU DACHI. En même temps, la main en cuillère accompagne le coup de pied. Redresser la jambe arrière pour exécuter le GYAKU ZUKI en ZENKUTSU DACHI.

3-A SUKUI UKE
③ CHŪDAN GYAKU ZUKI |▶◀|

基本一本組手

〈練習の目的〉正しい姿勢のもとに、基本的な「正しい捌き」「正しい立ち方」「正しい攻防の技法」の修得のためのトレーニングです。

正しい呼吸のもとに正しく行なうこと、正しい姿勢で行なわなければ、正しい「技」「力」「精神」は生まれてきません。正しい姿勢は体を楽に品よく見せ、しかも威厳と格式があり、美しさがあります。

以上に加えて上級者のためのトレーニング目標は、「残心」「作法」「読み」の体得を目的とした最適の組手体系でもあります。

〈技法と用法〉攻撃目標と攻撃技を最初に約束して、互いに一本ずつ攻防の技を掛け合います。まず他者と相対した時、互いに結立、直立姿勢となり、一礼をし、一旦八字立、自然体に構えて相手と目付けのまま、攻撃者は一歩右(左)足を引き、左(右)下段払、前屈立の態勢となり、自分が仕掛ける攻撃目標を宣言し、丹田に気をつめて一撃で相手を倒す気魄（きはく）をもって、思い切り攻撃します。この場合構えた姿勢より相手の呼吸を読みとり、攻撃のチャンスをつかみ、スピーディーに繰り出します。

防禦者（ぼうぎょ）は攻撃者以上に気力をみなぎらせ、しかも冷静に待ちかまえ、相手の攻撃と同時に正しい方角に捌き、正しい立ち方で受け、直ちに反撃に移ります。

攻撃者は防禦者の反撃後、息を吸いながら静かに元の位置に戻り、息を絞るように吐きながら気を丹田に詰め、リラックスして次の態勢を整えます。

防禦者の攻撃技の最後の決め技（突き・打ち）は、五本組手・三本組手と同様、決まった状態を2～3秒保持しますが、これには技法に応じた体育的筋トレーニングの目的があります。特に「残心」「作法」「読み」を目的として稽古するものは、反撃技の決まった後、攻撃者は息を吸いながら元の位置に静かに戻り、防禦者もそれに合わせて息を吸って戻ると同時に吐き、体も締めます。このときできるだけリラックスを心掛けます。防禦者は攻撃者の動作、呼吸、力の強弱に調和をはかり、その間終始攻撃者の両眼の奥を見透し続けます。

以上の稽古を繰り返し続けることにより、「残心作法」が身につくと共に、将来読みの能力が開発されます。

もし理解しにくい場合には、私の道場に見学にきて下さい。

KIHON IPPON KUMITE

AIMS: To learn correctly a group of exercises of SABAKI (stepping and dodging) and different positions and basic techniques of attack and defense (KIHON).

It is important that the techniques be performed correctly with proper breathing and correct postures, otherwise techniques, power, and correct spirit cannot be achieved. A correct posture relaxes the body, has distinction and dignity as well as esthetic appeal and elegance for maximum efficiency.

The more advanced will improve the finer points of ZANSHIN (awareness), SAHŌ (etiquette), and YOMI (perceptivity).

METHOD · TECHNIQUES: Facing each other, each takes a turn in attacking with a predetermined level and technique of attack.

First, they stand in MUSUBI DACHI (heels together). Looking directly into his opponent's eyes, the attacker steps back with his right foot (or left) from HACHIJI DACHI to ZENKUTSU DACHI executing GEDAN BARAI, forewarns his attack and level, then attacks forcefully like in a real encounter while concentrating on the TANDEN. (point located under the navel)

The attack must be executed at maximum speed and proper timing is achieved by watching the defender's breathing.

The defender with a calm mind in harmony with the attacker simultaneously steps in the right direction blocking in a proper stance and immediately counter-attacks.

The attacker resumes the original stance slowly inhaling and exhaling deeply concentrating on his TANDEN, then relaxes and readies himself for the next attack.

Likewise in GOHON and SANBON KUMITE, the defender maintains briefly the last KIME (UCHI or TSUKI) of his counter-attack to enable him to tense the proper muscles used in the different techniques.

To acquire ZANSHIN, SAHŌ and YOMI after his counter the defender will resume the original stance, inhaling and exhaling calmly at the same time as the attacker, looking directly into his eyes.

KIHON IPPON KUMITE

BUT: Apprendre correctement une série d'exercices de SABAKI (déplacements, esquives), des positions différentes et des techniques de base d'attaque et de défense, (KIHON).

Il est important d'exécuter les techniques avec un souci de précision allié à la respiration et avec des postures correctes, faute de quoi, on ne peut développer les techniques, la puissance et l'esprit. La posture correcte favorise la décontraction du corps, possède de la distinction et de la dignité aussi bien que de la beauté et de l'élégance et contribue ainsi à l'efficacité maximale.

De plus elle permettra aux grades supérieurs d'acquérir le sens du ZANSHIN (conscience) SAHŌ (l'étiquette) et YOMI (perceptivité).

MÉTHODE · TECHNIQUES: Les deux partenaires s'attaquent à tour de rôle après avoir décidé à l'avance, le niveau et la technique d'attaque.

D'abord, les partenaires face à face en MUSUBI DACHI (talon joints) se saluent et reviennent à la position HACHIJI DACHI (position naturelle, les pieds légèrement écartés.

Ensuite fixant son regard sur celui de son adversaire, l'attaquant recule le pied droit (ou gauche) en HIDARI (ou MIGI) GEDAN BARAI ZENKUTSU DACHI, annonce le niveau d'attaque et la technique puis attaque à fond comme dans un vrai combat tout en se concentrant sur le TANDEN (point situé au dessous du nombril). L'attaque doit être exécutée avec le maximum de rapidité en guettant le moment propice et en observant le rythme respiratoire de l'adversaire.

L'attaqué, l'esprit calme et combatif se déplace (SABAKI) daus la direction appropriée au même instant que l'attaque, bloque correctement dans une position correcte et contre-attaque immédiatement.

L'attaquant revient à sa position initiale en inspirant et expirant profondément, son esprit concentré sur le TANDEN, puis se détend et se prépare pour l'attaque suivante.

Comme en GOHON et SANBON KUMITE l'attaqué maintient brièvement le KIME, (dernier UCHI ou TSUKI) de la contre-attaque pour apprendre a contracter correctement, les muscles qui entrent en jeu dans l'exécution des différentes techniques.

Pour l'acquisition de ZANSHIN, SAHŌ et YOMI l'attaqué devra exécuter son retour à la position initiale, en inspirant, et en expirant en même temps que l'attaquant et en le regardant droit dans les yeux.

飛蹴　TOBI GERI

No. 2 ⟶

No. 1 ↓

基本一本組手
上段追突

No.1
　右足を一歩後方に捌きながら上段揚受、右肩腰を思い切り45度引く。腰の回転と受腕の捻りは同時、右肩腰の引きの反動を利用、中段逆突。

No.2
　右足を右後方45度に捌きながら後屈立、左上段縦手刀受、右手は肘で後方を打つ気持で引く。直ちに右脚を突張り、前屈立上段手刀打。

No.1　①上段揚受　　②逆突 |▶◀|
No.2　①上段縦手刀受　②手刀打 |▶◀|

①

②

KIHON IPPON KUMITE
JŌDAN OI ZUKI

No.1

Step back with the right foot. HIDARI JŌDAN AGE UKE. Rotation of the hips and twisting of the wrist are performed simultaneously. Use the reaction, CHŪDAN GYAKU ZUKI.

No.2

Step back with the right foot at 45° KŌKUTSU DACHI, HIDARI JŌDAN TATE SHUTŌ UKE pulling the right elbow back as if hitting. Straighten the right leg and JŌDAN SHUTŌ UCHI in ZENKUTSU DACHI.

No.1

Reculer le pied droit. HIDARI JŌDAN AGE UKE. La rotation des hanches et la rotation du poignet sont simultanées. En utilisant la réaction, CHŪDAN GYAKU ZUKI.

No.2

Reculer le pied droit à 45°, KŌKUTSU DACHI, HIDARI JŌDAN TATE SHUTŌ UKE en tirant le coude droit comme pour donner un coup. Détendre la jambe droite ZENKUTSU DACHI, JŌDAN SHUTŌ UCHI.

No.1
① JŌDAN AGE UKE
② GYAKU ZUKI ▶◀

No.2
① JŌDAN TATE SHUTŌ UKE
② SHUTŌ UCHI ▶◀

基本一本組手
上段追突

No.3
　左後方に左足を開き、右足を引き寄せながら側面上段受、同時に横蹴、蹴足は思いきり相手の後ろ側に踏みこみ、騎馬立、横猿臂打。

①側面上段受　②横蹴上　③横猿臂打

KIHON IPPON KUMITE
JŌDAN OI ZUKI

No.3

Step back with the left foot to the rear left and slide the right foot close to the left HEISOKU DACHI SOKUMEN JŌDAN UKE. Then, YOKOGERI KEAGE and YOKO ENPI UCHI in KIBADACHI with the right leg behind the attacker's leg.

No.3

Reculer le pied gauche vers l'arrière gauche et glisser le pied droit à côté du gauche HEISOKU DACHI, SOKUMEN JŌDAN UKE. Puis YOKOGERI KE AGE et YOKO ENPI UCHI en KIBA DACHI la jambe droite derrière celle de l'attaquant.

① SOKUMEN JŌDAN UKE
② YOKOGERI KEAGE
③ YOKO ENPI UCHI |▶◀|

← No.4 →

基本一本組手
上段追突

No.4

　右足一歩後方に捌きながら上段背手十字受（右手は内側）、右手で相手の手首を摑み、中段側方に引きおろすと同時に回蹴、蹴り足一歩前方に踏みこみながら左回転、左回猿臂打。左回りで元の位置に戻る。

①上段背手十字受　②回蹴　③後回猿臂打

KIHON IPPON KUMITE
JŌDAN OI ZUKI

No.4

Step back with the right foot JŌDAN HAISHU (KAISHU) JUJI UKE. Pull downwards to the rear right the attacker's wrist with the right hand, at the same time, MAWASHI GERI. Step forward with the right foot, and turn to the left, HIDARI USHIRO MAWASHI ENPI, Pivot on the left foot to return to the starting position.

No.4

Reculer le pied droit JŌDAN HAISHU(KAISHU.) JŪJI UKE. Tirer le poignet de l'attaquant à droite vers le bas en même temps que MAWASHI GERI Poser le pied droit en avant, tourner à gauche HIDARI USHIRO MAWASHI ENPI. Pivoter suŕ le pied gauche pour revenir à la position initiale.

① JŌDAN HAISHU JŪJI UKE
② MAWASHI GERI
③ USHIRO MAWASHI ENPI UCHI

基本一本組手
上段追突

No.5
　上段①と同様に左前屈立、上段揚受、左足を半歩引き寄せ、右前蹴縦猿臂打。

①上段揚受　②前蹴　③縦猿臂打

中段後回猿臂　●S. パトリックと。(フランスS.K.I.)
CHŪDAN USHIRO MAWASHI ENPÍ
●Mr. Patrick Suart, (S. K. I. France)

KIHON IPPON KUMITE
JŌDAN OI ZUKI

No.5

Step back with the right foot, HIDARI JŌDAN AGE UKE as in N°1. Withdraw the left foot a half step, MIGI MAE GERI and TATE ENPI UCHI.

No.5

Reculer le pied droit HIDARI JŌDAN AGE UKE comme dans le N°1.
Reculer le pied gauche d'un demi-pas, MIGI MAE GERI et TATE ENPI UCHI.

① JŌDAN AGE UKE
② MAE GERI
③ TATE ENPI UCHI |▶◀|

基本一本組手
中段追突

No.1
　右足一歩後方に捌きながら同時に左中段外腕受、右肩、腰を思い切り引く。腰回転と受腕の内捻同時、その引きの反動を利用して腰の回転と同時に中段逆突。

No.2
　中段①の要領で左足一歩後退、右外腕受、前屈立、直ちに右足よりスリ足にて前進し騎馬立、横猿臂打。

No.1　①中段外腕受　②逆突 ▶◀
No.2　①中段外腕受　②横猿臂打 ▶◀

No.1
① CHŪDAN SOTO UDE UKE
② GYAKU ZUKI ▶◀

No.2
① CHŪDAN SOTO UDE UKE
② YOKO ENPI UCHI ▶◀

2—A ②

KIHON IPPON KUMITE
CHŪDAN OI ZUKI

No.1

Step back with the right foot. CHŪDAN SOTO UDE UKE. It is important to pull back the right hip and shoulder, using, at the same time hips and wrist rotation. Use the reaction, CHŪDAN GYAKU ZUKI.

No.2

As in N°1, but step back with the left foot, MIGI CHŪDAN SOTO UDE UKE in ZENKUTSU DACHI, slide forward with the right foot, in KIBA-DACHI, YOKO ENPI UCHI.

No.1

Reculer le pied droit HIDARI CHŪDAN SOTO UDE UKE. Il est important de tirer la hanche et l'épaule droite en arrière, la rotation des hanches et du poignet sont simultanées. Utiliser la réaction, CHŪDAN GYAKU ZUKI.

No.2

Comme dans le N°1, mais reculer le pied gauche MIGI CHUDAN SOTO UDE UKE en ZENKUTSU DACHI, glisser le pied droit en avant en KIBA-DACHI et même temps YOKO ENPI UCHI.

基本一本組手
中段追突

No.3
　右足一歩後方に捌きながら同時に中段内腕受、右肩、腰を思い切り引く。腰の回転と受腕の外捻は同時。直ちに上段刻突、中段逆突。

No.4
　右足右後方45°に捌きながら後屈立、中段手刀受、刻蹴、直ちに右脚を突張り、前屈立になりながら中段縦四本貫手。

No.3 ①中段内腕受　2-A 刻突　②逆突▶◀
No.4 ①中段手刀受　2-A 刻蹴　②貫手▶◀

2 — A

KIHON IPPON KUMITE

CHŪDAN OI ZUKI

No.3

Step back with the right foot, CHŪDAN UCHI UDE UKE, Pull back the right hip and shoulder using at the same time, hips and wrist rotation JODAN KIZAMI ZUKI, CHŪDAN GYAKU ZUKI.

No.4

Step back with the right foot to the rear right CHŪDAN SHUTŌ UKE in KŌKUTSU DACHI, KIZAMI GERI then, straightening the right leg in ZENKUTSU DACHI, CHŪDAN TATE YONHON NUKITE.

No.3
① CHŪDAN UCHI UDE UKE
2-**A** KIZAMI ZUKI
② GYAKU ZUKI ▶◀

No.4
① CHŪDAN SHUTŌ UKE
2-**A** KIZAMI GERI
② NUKITE ▶◀

No.3

Reculer le pied droit CHUDAN UCHI UDE UKE. tourner les hanches et tirer l'épaule droite en arrière. La rotation des hanches et du poignet s'exécute simultanément JODAN KIZAMI ZUKI, CHŪDAN GYAKU ZUKI.

No.4

Reculer le pied droit vers l'arrière droite CHŪDAN SHUTŌ UKE en KŌKUTSU DACHI, KIZAMI GERI. Redresser la jambe droite en ZENKUTSU DACHI, CHŪDAN TATE YONHON NUKITE.

基本一本組手

中段追突

No.5
右足後方に捌きながら騎馬立、中段肘受、直ちに右足（後側）を180度右転身と同時に一歩前進。騎馬立、後回猿臂打。

①中段肘受　②後回猿臂打

昭和46年世界大会、審判中の著者
J.K.A.International Championship.(1971).The author, (Referee)

KIHON IPPON KUMITE
CHŪDAN OI ZUKI

No.5

Step back with the right foot CHŪDAN HIJI UKE, pivot on the left foot, turn to the right (TENSHIN) USHIRO MAWASHI ENPI UCHI in KIBADACHI.

No.5

Reculer le pied droit CHŪDAN HIJI UKE, pivoter avec le pied gauche, tourner à droite (TENSHIN) USHIRO MAWASHI ENPI en KIBADACHI.

① CHŪDAN HIJI UKE
② USHIRO MAWASHI ENPI UCHI ▶◀

基本一本組手
前蹴

No.1
　右足一歩後方に捌きながら同時に左下段払、右肩腰を思い切り45度引く。その反動回転を利用して中段逆突。

No.2
　右足一歩後方に捌きながら右逆下段払、受腕は下段前方45度で決める。直ちに左上段刻突、逆突。刻突、逆突は、充分に腰の回転を利かす。

No.1　①下段払　②逆突 ▶◀
No.2　①逆下段払　②刻突　③逆突 ▶◀

No.1
① GEDAN BARAI
② GYAKU ZUKI ▶◀

No.2
① GYAKU GEDAN BARAI
② KIZAMI ZUKI
③ GYAKU ZUKI ▶◀

KIHON IPPON KUMITE
MAE GERI

No.1

Step back with the right foot HIDARI GEDAN BARAI. Hips and shoulder rotation at 45°. Use the reaction. Hip rotation, CHŪDAN GYAKU ZUKI.

No.2

Step back with the right foot, GYAKU GEDAN BARAI, the right arm blocking downwards to the right in front HIDARI JŌDAN KIZAMI ZUKI and MIGI CHŪDAN GYAKU ZUKI. The hip rotation is very important for the TSUKI.

No.1

Reculer le pied droit, HIDARI GEDAN BARAI, tourner les hanches et les épaules à 45°. Profiter de la réaction. Rotation des hanches, CHŪDAN GYAKU ZUKI.

No.2

Reculer le pied droit, GYAKU, GEDAN BARAI le bras droit dirigé vers le bas à l'avant droite HIDARI JŌDAN KIZAMI ZUKI et MIGI CHUDAN GYAKU ZUKI. La rotation des hanches est très importante pour les TSUKI.

基本一本組手

前蹴

No.3
左足一歩後方に捌きながら下段十字受、上段手刀十字打、受けから打ちの間に十字引手をとると同時に、手刀十字打に入る。腕の捻りに注意。

No.4
右足を引き寄せながら猫足立右下段払、直ちに右足を一歩踏みこみながら前屈立前猿臂打、受けから打ちの間に右受手右脇引手、左縦手刀で前方に突き出す。

No.3 ①下段十字受　②手刀十字打 ▶◀
No.4 ①下段払　②前猿臂打 ▶◀

KIHON IPPON KUMITE
MAE GERI

No.3

Step back with the left foot, GEDAN JŪJI UKE. Bring the crossed fists back in front of the chest, open the hands, JŌDAN SHUTŌ JUJI UCHI.

No.4

Lighly slide the right foot bending the knee in NEKO ASHI DACHI, MIGI GEDAN BARAI. Simultaneously, pull the right fist back and push the left hand forward, shaped as in TATE SHUTŌ. Step forward with the right foot in ZENKUTSU DACHI, MAE ENPI UCHI.

No.3

Reculer le pied gauche, GEDAN JŪJI UKE, Ramener les poings croisés devant la poitrine. Ouvrez les mains, JŌDAN SHUTŌ JŪJI UCHI.

No.4

Glisser légèrement le pied droit en pliant le genou en NEKO ASHI DACHI MIGI GEDAN BARAI. Simultanément, ramener le poing droit et pousser vers l'avant la main gauche en forme de TATE SHUTŌ. Avancer le pied droit en ZENKUTSU DACHI, MAE ENPI UCHI.

No.3
①GEDAN JŪJI UKE
②SHUTŌ JŪJI UCHI

No.4
①GEDAN BARAI
②MAE ENPI UCHI

基本一本組手

前蹴

No.5

右足後方に捌き、後屈立、掬受、直ちに前屈立、中段逆突。

①掬受　②逆突 ▶◀

KIHON IPPON KUMITE

MAE GERI

No.5

Step back with the right foot in KOKUTSU DACHI SUKUI UKE Then in ZENKUTSU DACHI CHUDAN GYAKU ZUKI.

No.5

Reculer le pied droit en KOKUTSU DACHI, SUKUI UKE Puis en ZENKUTSU DACHI, CHUDAN GYAKU ZUKI.

① SUKUI UKE
② GYAKU ZUKI ▶◀

二段蹴　NIDAN GERI

基本一本組手
横蹴込

No.1
右足左後方45度に腰を切りながら捌くと同時に、左中段外腕受、直ちに中段逆突。

No.2
右足後方に捌きながら不動立、左中段背腕受、直ちに上段背刀打、（大きく腰の回転に合わせて振り打する。）

No.1 ①外腕受　②逆突 ▶◀
No.2 ①背腕受　②背刀打 ▶◀

KIHON IPPON KUMITE

YOKO KEKOMI

No.1

Step back with the right foot to the rear left, HIDARI CHŪDAN SOTO UDE UKE, CHŪDAN GYAKU ZUKI.

N°2

Step back with the right foot HIDARI CHŪDAN HAIWAN UKE JŌDAN HAITŌ UCHI, The right hand moving in a wide circular motion with the rotation of the hips.

No.1
① CHŪDAN SOTO UDE UKE
② GYAKU ZUKI

No.2
① HAIWAN UKE
② HAITŌ UCHI

No.1

Reculer le pied droit vers l'arrière gauche HIDARI CHŪDAN SOTO UDE UKE-CHŪDAN GYAKU ZUKI.

No.2

Reculer le pied droit HIDARI CHŪDAN HAIWAN UKE, JŌDAN HAITŌ UCHI Le bras droit décrit un grand mouvement circulaire avec la rotation des hanches.

← No.3 →

基本一本組手
横蹴込

No.3

左足を左横に捌き左前屈立、下段払、直ちに左前屈立のまま中段横蹴込、横猿臂打、騎馬立。

①後下段払　②横蹴込　③横猿臂打▶◀

KIHON IPPON KUMITE
YOKO KEKOMI

No.3

Step to the left with the left foot USHIRO GEDAN BARAI in ZEN-KUTSU DACHI. CHŪDAN YOKO KEKOMI and YOKO ENPI UCHI in KIBADACHI.

No.3

Déplacer le pied gauche vers la gauche USHIRO GEDAN BARAI en ZEN-KUTSU DACHI. CHŪDAN YOKO KEKOMI et YOKO ENPI UCHI en KIBADACHI.

① USHIRO GEDAN BARAI
② YOKO KEKOMI
③ YOKO ENPI UCHI ▶◀

基本一本組手

回蹴

No.1
　右足右側直線に捌きながら前屈立、背腕内受、直ちに中段逆突。

No.2
　左足右後方45度に転身しながらナイハンチ立、縦平行手刀受、直ちに右足スリ足にて踏みこみながら騎馬立、添手横猿臂打（右拳甲上向、左掌は右正拳に添える）。

No.1　①背腕内受　②逆突 |▶◀|
No.2　①縦平行手刀受　②添手横猿臂打
　　　　　　　　　　　　　　　|▶◀|

KIHON IPPON KUMITE
MAWASHI GERI

No.1

Move the right foot to the right side ZENKUTSU DACHI HAIWAN UCHI UKE, CHŪDAN GYAKU ZUKI.

No.2

Step back to the rear right at 45° with the left foot TATE HEIKO SHUTŌ UKE in NAIHANCHI DACHI. Slide with the right foot, SOETE YOKO ENPI UCHI in KIBADACHI, the palm of the left hand pushing the right fist (thumb downwards) for a stronger technique.

No.1

Déplacer le pied droit vers la droite HAIWAN UCHI UKE en ZENKUTSU DACHI-CHŪDAN GYAKU ZUKI.

No.2

Reculer le pied gauche vers l'arrière droite à 45° TATE HEIKŌ SHUTŌ UKE en NAIHANCHI DACHI, glisser avec le pied droit SOETE YOKO ENPI UCHI en KIBADACHI, la paume de la main gauche pousse le poing droit (pouce vers le bas) pour augmenter la puissance de la technique.

No.1
① HAIWAN UCHI UKE
② GYAKU ZUKI

No.2
① TATE HEIKŌ SHUTŌ UKE
② SOETE YOKO ENPI UCHI

基本一本組手

回蹴

No.3

　左足、右後方45度に転身、後屈立、または騎馬立、上段外腕受、直ちに刻蹴（後屈立）、逆突（前屈立）。

①上段外腕受　②刻蹴　③逆突

KIHON IPPON KUMITE

MAWASHI GERI

No.3

Step back to the rear right with the left foot at 45°, JŌDAN SOTO UDE UKE in KIBADACHI or KŌKUTSU DACHI, KIZAMI GERI and CHŪDAN GYAKU ZUKI in ZENKUTSU DACHI.

No.3

Reculer le pied gauche vers l'arrière droite à 45° JŌDAN SOTO UDE UKE en KIBADACHI ou KŌKUTSU DACHI, KIZAMI GERI et CHŪDAN GYAKU ZUKI en ZENKUTSU DACHI.

① JŌDAN SOTO UDE UKE
② KIZAMI GERI
③ GYAKU ZUKI

返一本組手（かえし）

〈練習の目的〉基本一本組手の姉妹組手です。練習目的は基本的には同じですが、鍛錬組手によって鍛えあげた技と、基本一本組手によって体得した運動形式、その過程でつかんだ"勘"とをあわせて、相手の動きをよく目でとらえ、相手の一瞬の動きにあわせて敏速に捌くと同時に、基本一本組手と同様、正確に受け、直ちに前進しながら自由技で反撃します。攻撃者はその反撃を、後方又は側方に一歩捌きながら受け、自由一本形式の反撃方法で決めます。

大きな特徴としては、最初の攻撃者が、最後の反撃者になることです。又、五本組手、三本組手、基本一本組手は、双方（両者）共に正面自然体の体勢から、攻撃者は一歩引き、前屈立下段払の構えとなり攻撃するのにくらべ、返一本組手は正面自然体の体勢から、直接攻撃します。

運足は格闘術にとって最も重要なポイントなので、それに必要な脚力、敏捷性、瞬発力、巧緻性のトレーニングに最適です。ただし高年者には過激すぎるので、注意して下さい。

〈技法と用法〉身の構えとは、健康法にかない、またすべての技の基本ともなり、しかも精神を十分落ちつかせるものです。

表面自然体八字立は、足の内側と親指の方に体重を置き、背はぐんと伸ばします。気は十分に下腹に落とし、しかも楽な体勢をとります。

相手に攻撃目標を伝え、正面自然体の体勢から前進と同時に直接攻撃します。例えば、上段（中段）と告げた場合は、右拳攻撃であろうと、左拳攻撃または逆突攻撃であろうと、上段（中段）であるならば、攻撃技は自由です。ただし蹴技で攻撃の場合は、攻撃技を相手に伝えなければなりません。

最初の攻撃は、正確に思い切りよく攻撃します。防禦側も基本一本組手と同様に、正しい立方により正確に受けてから、反撃に移ります。ほかの組手のように受けた位置で反撃するのではなく、一歩前進しながら攻撃します。

最初の攻撃者は、後方又は側方に捌きながら受けて、反撃します。決めたらすぐに自由体勢に構えます。これは自由一本組手の反撃の姿勢と同じです。

攻撃者も防禦者（ぼうぎょ）も、気を全身にみなぎらせ、迷わず、あわてず、相手の出方をよく見てその間合をはかり、捌きながら確実に受け、反撃に移ります。

KAESHI IPPON KUMITE

AIMS: Basically the aim of this KUMITE is the same. They belong to the same group. Moreover, we again find the basic techniques improved with TANREN KUMITE, the timing acquired from the various patterns of KIHON IPPON KUMITE and the fighting awareness (KAN) developed through these types of training.

When facing an attack, the defender watches carefully the opponent's movement, moves at the same time blocking correctly as in KIHON IPPON KUMITE, then attacks, stepping forward. Likewise, in JIYU IPPON KUMITE the defender stepping back or sideways, executes a blocking and counter-attacks.

Unlike the others, this KUMITE is different, since the attacker at the beginning is finally the defender.

IMPORTANT POINT: The attack is performed straight from SHOMEN SHIZENTAI (natural stance) instead of ZENKUTSU DACHI GEDAN BARAI as in GOHON, SANBON and KIHON IPPON KUMITE.

UNSOKU (moving) is one of the most important points of the martial art. It requires smoothness and powerful legs for the quickness of an instantaneous start.

This KUMITE is recommended to improve these qualities. Older people must approach it carefully.

METHOD · TECHNIQUES: The MIGAMAE is the basis of every technique and facilitates the recovery of a relaxed mind at all times.

It must be compatible with the existing methods of health promotion. This applies to also SHOMEN SHIZENTAI HACHIJI DACHI. When standing in this position the feeling of the weight of the body should be on the big toe and the inner edge of the feet, straight torso relaxed, avoiding stiffness, and concentrating the mind on the lower abdomen.

Standing in SHOMEN SHIZENTAI HACHIJI DACHI, the attacker warns his opponent, mentionning only the level of the attack **unless it is a KERI,** and then attacks, stepping forward. For instance, he attacks either from the right side or the left side, or even with GYAKU ZUKI, as long as the level of attack **only** is clearly specified.

This attack must be executed thoroughly, accurately and with control. Likewise the defender, with the same concern of accuracy and control as in KIHON IPPON KUMITE assumes a proper stance, blocks and then, attacks, stepping forward unlike the other KUMITE where he maintains his position. The defender, who is in fact, the first attacker, steps backwards or sideways executing a block and a counter-attack, then promptly assumes JIYU NA GAMAE (free style stance) as in JIYU IPPON KUMITE as previously mentionned. The attacker as well as the defender, must possess the fighting spirit, remain calm and cautious, watching carefully for the first movement of the opponent, and executing an effective block before hastily counter-attacking, taking into consideration their mutual distance (MAAI).

KAESHI IPPON KUMITE

BUT: Le but de ce KUMITE étant en principe le même que celui de KIHON IPPON KUMITE, ils font partie du même groupe. De plus, on retrouve les techniques de base développées par TANREN KUMITE, l'automatisme des différents mouvements modèles acquis par la pratique de KIHON IPPON KUMITE et l'intuition dans le combat (KAN) développé aux cours des entraînements.

Faisant face à une attaque, l'attaqué suit d'un oeil attentif le mouvement de l'adversaire, se déplace rapidement et en même temps, exécute un blocage précis comme en KIHON IPPON KUMITE puis avance en attaquant. L'attaqué à son tour se défend en se déplaçant vers l'arrière ou de côté et contre-attaque comme en JIYU-IPPON KUMITE.

C'est ce qui distingue ce KUMITE des autres, puisque l'attaquant au départ devient finalement l'attaqué.

POINT IMPORTANT: L'attaque s'exécute directement de la position SHŌMEN SHIZEN TAI (position naturelle), contrairement au GOHON, SANBON et KIHON IPPON KUMITE qui débutent avec GEDAN BARAI en ZENKUTSU DACHI.

UNSOKU (le déplacement), est un des points les plus importants de l'art martial, il requiert une finesse d'action et exige une puissance musculaire des jambes pour la promptitude d'un départ instantané. Ce KUMITE est tout indiqué pour développer ces qualités.

Il doit être abordé avec précaution chez les personnes âgées.

MÉTHODE · TECHNIQUES: Le MIGAMAE est à la base de toute technique et permet de retrouver en tout temps un esprit calme. Il doit être compatible avec les méthodes existantes pour la promotion des bienfaits de la santé. Ceci s'applique aussi à SHŌMEN SHIZENTAI HACHIJI-DACHI. Dans cette position, il faut avoir l'impression que le poids du corps repose sur les gros orteils et le côté interne des pieds, en gardant le buste droit et l'esprit concentré sur le bas-ventre tout en étant bien décontracté.

De la position ci-haut mentionnée, l'attaquant prévient l'adversaire du niveau de l'attaque sans spécifier la technique employée **sauf, s'il s'agit de KERI** puis, attaque en avançant d'un pas. Par exemple, l'attaque JŌDAN ou CHŪDAN peut s'exécuter de la gauche ou de la droite ou bien avec GYAKU ZUKI, en autant que **seul** le niveau de l'attaque soit bien précisé. Cette attaque précise et controlée doit être exécutée à fond. De son côté, l'attaqué, avec le même souci de précision et de contrôle que l'on retrouve dans KIHON IPPON KUMITE exécute un blocage d'une position adéquate puis, attaque en avançant d'un pas sans toutefois rester sur place comme dans le cas des autres KUMITE. L'attaqué, c'est-à-dire, le premier attaquant, se déplace soit vers l'arrière ou de côté, se défend et riposte puis, revient immédiatement en JIYU NA GAMAE (en garde libre) comme dans JIYU IPPON KUMITE ci-haut mentionné. L'attaquant et l'attaqué, doivent être animés d'un esprit combatif, conserver leur sang-froid, observer attentivement les premiers mouvements de l'adversaire, et exécuter un blocage efficace avant de contre-attaquer à la hâte tout en tenant compte de la distance mutuelle (MAAI).

相手の回蹴を、刻逆突で反撃
●JŌDAN MAWASHI GERI ○KIZAMI GYAKU ZUKI

返一本組手

A —①●中段追突　○下段払
　　②○上段追突　●上段背腕流受
　　③●中段突 |▶◀|
　　④●残心構

B —①●横蹴込　○外腕受
　　②●回蹴　○縦手刀受
　　③●逆突 |▶◀|
　　④●残心構

KAESHI IPPON KUMITE

—A—

① ● *CHŪDAN OI ZUKI*
　○ *GEDAN BARAI*

② ○ *JŌDAN OI ZUKI*
　● *JŌDAN HAIWAN NAGASHI UKE*

③ ● *CHŪDAN ZUKI* |▶◀|

④ ● *ZANSHIN GAMAE*

—B—

① ● *YOKO KEKOMI*
　○ *SOTO UDE UKE*

② ○ *MAWASHI GERI*
　● *TATE SHUTŌ UKE*

③ ● *GYAKU ZUKI* |▶◀|

④ ● *ZANSHIN GAMAE*

返一本組手

C－① ●中段追突　○手刀受
　 ② ○前蹴　　　●掬受
　 ③ ●逆突 |▶◀|
　 ④ ●残心構

D－① ●前蹴　　　○下段払
　 ② ○上段追突
　　　●外腕受と上段刻回蹴の中間
　 ③ ●同時上段刻回蹴 |▶◀|
　 ④ ●残心構

2—A

KAESHI IPPON KUMITE

—C—

① ● CHŪDAN OI ZUKI
　○ SHUTO UKE

② ○ MAE GERI
　● SUKUI UKE

③ ● GYAKU ZUKI ▶◀

④ ● ZANSHIN GAMAE

—D—

① ● MAE GERI
　○ GEDAN BARAI

② ○ JŌDAN OI ZUKI
　● SOTO UDE UKE
　※ and the beginning of
　* et le début de
　　KIZAMI MAWASHI GERI

③ ● SOTO UDE UKE - KIZAMI MAWASHI GERI ▶◀
　※ at the same time
　* simultanément

④ ● ZANSHIN GAMAE

81

返一本組手

E －① ●上段追突　○上段逆揚受
　　② ○上段回蹴　●右足を右側面に捌
　　　　　　　　　き縦手刀受
　　③ ●後回蹴 |▶◀|
　　④ ●残心構

F －① ●上段追突　○揚受
　　② ○上段回蹴　●縦手刀受
　　③ ●逆突 |▶◀|
　　④ ●残心構

以上E、Fは受も立も自由。

KAESHI IPPON KUMITE

—E—

① ● JŌDAN OI ZUKI
  ○ JŌDAN GYAKU AGE UKE

② ○ JŌDAN MAWASHI GERI
  ● TATE SHUTŌ UKE
  ※ at the same time. The right foot
    moves to the right
    en déplaçant en même temps le pied
    droit vers la droite

③ ● USHIRO MAWASHI GERI |▶◀|

④ ● ZANSHIN GAMAE

—F—

① ● JŌDAN OI ZUKI
  ○ AGE UKE

② ○ JŌDAN MAWASHI GERI
  ● TATE SHUTŌ UKE

③ ● GYAKU ZUKI |▶◀|

④ ● ZANSHIN GAMAE

ジャンボ蹴（イギリス、S.K.I）
JUMBO GERI (S. K. I. Great Britain)

返一本組手

G—①●中段逆突　○外腕受
　②○中段横蹴込●下段払
　③●上段刻突 |▶◀|
　④●残心構

KAESHI IPPON KUMITE

—G—

① ● CHŪDAN GYAKU ZUKI
　○ SOTO UDE UKE
② ○ CHŪDAN YOKO KEKOMI
　● GEDAN BARAI
③ ● JŌDAN KIZAMI ZUKI |▶◀|
④ ● ZANSHIN GAMAE

自由一本組手

〈**練習目的**〉五本組手、三本組手で鍛えあげた体力、気力、強い立ち方と基礎的技法に、基本一本、返一本組手によって修得した正しい攻防技と運足を、より一層実践的、効果的に応用した、自由組手への連系組手です。決めの後の運足（捌き）は、特に重要です。

鍛錬組手と基本組手によって、空手のための基礎的体力、体勢と正しい多くの技法を体得したところで、時間的、空間的間合のとり方と転身、体捌の方法を知らなければ、動いている相手には少しも効果が上がりません。

ボクシングを見てもわかるように、フットワークとタイミングが非常に大切です。空手道の組手ではこれが一層重要です。したがってこの点を深く掘り下げて研究し、修練を積む必要があります。

鍛錬組手、基本組手では、自分自身の持つ力で相手の攻撃を受け、反撃するのに対し、自由一本組手は、相手の攻撃力と動きを利用し、自己の力と技をあわせた和合力をもって捌き、反撃するところに特徴があります。

「相手の力＋自己の力＝和合力」ですから、反撃力は二倍となります。以上の単純方程式が、空手道組手の妙味と思います。

〈**技法と用法**〉鍛錬組手、基本組手は一定の間合であるのに対し、自由一本組手は絶えず流動的に間合を変化して、攻防を展開します。

攻撃者は自由な構えから攻撃目標を相手に伝え、間合とタイミングを計り、攻撃します。防禦者はそれを捌きながら受けて、反撃します。または捌きながら反撃を決めます。決めたら直ちに離れるか、吸いつきます。決めた間合に定置することは、相手の決めの間合でもあるので危険です。与えられた一回の攻防のチャンスを、いかに有効に活用するかです。

攻撃者は一拳必殺の威力と気魄をもって攻撃します。防禦者は相手の動きをよく見て、または攻撃をギリギリまで待って、一瞬捌きながら反撃します。捌く時に大切なことは、軸脚と移動足は明確に区別し、足底は床と紙一枚はさんだ気持で捌くことです。

鍛錬組手、基本組手、約束組手とも、攻撃目標を相手に明確に伝えて攻撃します。相手が受けそこなったり、受け遅れるような場合は、実際に当てても攻撃者には責任がありません。攻撃目標と技がわかっていながら受けられないということは、防禦者の責任です。またお互いにそのような心構えで真剣に修練しなければ、高い上達は望めません。ただし実力の程度差、年齢差、男女差のある場合は別です。

高いレベル同士で自由一本組手を行なう場合は、攻撃者は相手の呼吸を読みとること。例えば相手が息を吸い始めた瞬間をねらいます。フェイントを掛け、相手が精神的、肉体的バランスをくずした隙をねらいます。

　防禦者は相手に呼吸を盗まれないこと。それには正しい姿勢を保ち、丹田式呼吸法によって、息を吸っているのか、吐いているのかわからせないことです。相手のフェイントには乗らないこと。そのためには相手の攻撃技が、自分の体の寸前にくるまで待てるだけの精神力を養うと共に、転身、体捌のトレーニングを充分に積むことです。

○前蹴　　　　　●K・ジョナサンと。（ホンコン S. K. I.）
○MAE GERI　　● Mr. Jonathan Kwok, (S. K. I. HONG KONG)

JIYŪ IPPON KUMITE

AIMS: To apply in a more practical and more efficient way the UNSOKU and the accurate techniques of attacks and blocks acquired in the KIHON IPPON KUMITE and KAESHI IPPON KUMITE and the physical and mental qualities with the steady positions and fundamental techniques practiced in GOHON KUMITE and SANBON KUMITE. It will prepare you for the following JIYŪ KUMITE.

The physical or technical value acquired with the TANREN KUMITE and the KIHON KUMITE is very relative, really, when facing a moving opponent if we do not possess the awareness of space or time and if we have not mastered the techniques of TENSHIN, TAI SABAKI. Stressing the importance of the footwork and timing in boxing will easily convince the reader of these requisite factors for KUMITE in KARATE-DO. They must be studied thoroughly and untiringly.

Unlike the TANREN KUMITE and KIHON KUMITE wherein our own strength is used to block and counter-attack, in this KUMITE we take advantage of the opponent's strength and movement to double the power of the counter-attack.

The subtlety of KUMITE in KARATE-DO is the result of this simple equation.

METHOD · TECHNIQUES: The MAAI (distance or reach) varies constantly with each attack and each defense whereas in the TANREN KUMITE and KIHON KUMITE it is designated. The attacker, in the free fighting stance warns his opponent of the level and attack, then attacks when the MAAI and timing is appropriate.

The defender will execute his movement of SABAKI, and counter-attacks (KIME) accordingly with or without blocking.

After the KIME he will immediately move away or stick close to the opponent to avoid staying with mutual reach by remaining on the same spot. **It is a question of taking maximum advantage of a unique opportunity of attack or defence given to him.**

The attack must always be executed thoroughly and fully, with fighting spirit as in a real encounter. The defender must watch carefully, all the opponent's moves and wait for the last moment to execute his movement of SABAKI. A clear difference must be made between the foot used as the pivot and the moving foot. The latter should move nimbly as if there were a piece of paper between the sole of the foot and the ground.

Since this KUMITE belongs to the same group, YAKUSOKU KUMITE like TANREN KUMITE and KIHON KUMITE and the attacker is warned, a late block or poorly executed may be dangerous. It would not be the attacker's fault since the defender is warned. To achieve outstanding progress. It is imperative to train with such an attitude of seriousness. Obviously, this does not apply if there is a major difference in technical level, or age or a difference in sex.

Moreover, when the partners are more experienced, the attacker will observe the defender's way of breathing to attack, for instance, at the moment he is inhaling, or he will make feints to wait for the proper moment when the defender loses his balance or his concentration. Likewise, the defender will control his breathing with the TANDEN while maintaining a correct posture. Furthermore, he must not be impressed by the feints. Consequently, he must possess a state of mind enabling him to wait back until the last moment of the attack, and an adequate training in TENSHIN and TAI-SABAKI.

JIYŪ IPPON KUMITE

BUT: L'application plus pratique et plus efficace de UNSOKU et de la précision des techniques d'attaques et de défenses acquises par la pratique des KIHON IPPON KUMITE et KAESHI IPPON KUMITE, ainsi que les qualités physiques et mentales avec les positions stables et les techniques fondamentales pratiquées en GOHON KUMITE et SANBON KUMITE. Il vous préparera au JIYŪ KUMITE.

En réalité, la valeur physique ou technique acquise par les TANREN KUMITE et les KIHON KUMITE est très relative face à un adversaire en déplacement si on ne possède pas le sens de l'espace et du temps ou la maîtrise des techniques de TENSHIN, TAI SABAKI. En soulignant l'importance accordée dans la boxe, au jeu de jambes et au timing, le lecteur, sera facilement convaincu que ces facteurs sont indispensables dans le KUMITE en KARATE-DŌ. Il faut les étudier à fond, et inlassablement.

Contrairement aux TANREN KUMITE et KIHON KUMITE où seule notre force est utilisée pour se défendre et riposter, on utilise aussi la force et le mouvement de l'adversaire dans ce KUMITE pour mettre à profit une puissance doublée dans la contre attaque. Cette résultante est une slmple équation de la subtilité du KUMITE en KARATE-DŌ.

MÉTHODE · TECHNIQUES: Le MAAI (distance ou portée) varie constamment à chaque attaque et à chaque défense contrairement aux TANREN KUMITE et KIHON KUMITE dans lesquels la distance est imposée. De la position, en garde libre, l'attaquant, après avoir déterminé le niveau et l'attaque, l'exécute au moment qui convient le mieux au MAAI et au timing.

L'attaqué exécute son mouvement de SABAKI et contre-attaque (KIME) avec, ou sans blocage selon le cas. Immédiatement après le KIME, il s'éloigne ou se colle à l'adversaire pour éviter de se trouver à une portée mutuelle s'il restait sur place. **Il s'agit donc de savoir profiter au maximum de l'unique occasion d'attaque et de défense qui lui est offerte.** L'attaque doit être toujours exécutée avec puissance et avec un esprit combatif comme dans un affrontement réel. L'attaqué doit observer attentivement tous les gestes de l'adversaire et déclencher au dernier instant son mouvement de SABAKI. Il faut bien faire la distinction entre le pied qui scrt de pivot et celui qui se déplace. Ce dernier doit se déplacer légèrement comme s'il y avait une feuille de papier entre la plante du pied et le sol.

Puisque ce KUMITE fait partie du même groupe, YAKUSOKU KUMITE comme TANREN KUMITE et KIHON KUMITE et que l'attaqué est avisé du contenu de l'attaque, un blocage mal exécuté ou tardif risque d'être dangereux. Mais ce n'est pas la faute de l'attaquant puisque l'attaqué était avisé. Il est indispensable de s'entraîner dans cette atmosphère de sérieux et de gravité pour réaliser des progrès sensibles. Evidemment, ceci ne s'applique pas s'il existe une différence majeure dans le niveau technique, dans l'âge ou s'il y a une différence de sexe. De plus chez les partenaires plus expérimentés, l'attaquant essaiera de percevoir le rythme respiratoire de l'attaqué pour exécuter par exemple son attaque au moment de l'inspiration, ou bien il utilisera des feintes pour profiter du moment favorable où l'attaqué perd son équilibre ou sa concentration. L'attaqué de son côté ne laissera pas percevoir sa respiration et maintiendra une posture correcte en respirant du TANDEN. En outre, il ne se laissera pas impressionner par les feintes. Par conséquent, il doit posséder un état d'esprit qui lui permet d'attendre l'attaque, jusqu'au dernier instant, et être suffisamment entraîné dans les TENSHIN et TAI-SABAKI.

No. 1 ⟶

自由一本組手
上段追突

JIYŪ IPPON KUMITE
JŌDAN OI ZUKI

No.1

相手の攻撃技にあわせて、前足（左）軸に後足45度右に捌く。同時に縦手刀受逆突。受けるポイントは肘の内側がよい。縦手刀受の反動を利用して逆突。拳を引くときには、前足も同時に半歩引き寄せ、半身自然体となる。

① 自由構　② 上段縦手刀受　③ 中段逆突
④ 引手構

No.1

Using the front foot as a pivot, step back with the rear foot (right) 45° to the right, TATE SHUTŌ UKE, preferably against the crook of the arm. Use the reaction, GYAKU ZUKI. Simultaneously pull back the fist and the front foot a half step to assume the stance HANMI SHIZENTAI, HIKITE GAMAE.

① JIYŪ GAMAE
② JŌDAN TATE SHUTŌ UKE

JIYŪ IPPON KUMITE

JŌDAN OI ZUKI

No.1

Le pied avant étant le pivot, reculer le pied arrière (droit) à 45° vers la droite, TATE SHUTŌ UKE appliqué de préférence sur le pli du bras, puis GYAKU ZUKI en utilisant la réaction. Ramener en même temps le poing et le pied avant d'un demi-pas pour revenir à la position HANMI SHIZENTAI, HIKITE GAMAE.

③ CHŪDAN GYAKU ZUKI |▶◀|
④ HIKITE GAMAE

自由一本組手
上段追突

No.2
相手の攻撃に合わせ、前足（左）を一足分ふみ出す。同時に流受裏突、直ちに流し手(左)で相手を突き放しながら、後足を45度左側に捌く。決めは体と体の衝突原理である。

No.3
後足（右）を軸に、前足を左後方45度に迅速に捌くと同時に、右前屈立上段揚受、直ちに刻回蹴逆突。前足と拳を同時に引き寄せ、半身自然体になる。

No.2 ①上段流受同時中段裏突 ▶◀
　　　②引手構
No.3 ①上段揚受　②刻回蹴
　　　③中段逆突 ▶◀　④引手構

JIYŪ IPPON KUMITE
JŌDAN OI ZUKI

No.2

Step forward with the front foot (left). At the same time NAGASHI UKE, URA ZUKI. Move the rear foot 45° to the left as you thrust away the opponent with the left hand (The one using NAGASHI UKE).

No.3

Using the rear foot (right) as a pivot, step back quickly with the front foot 45° to the rear left, JŌDAN AGE UKE in MIGI ZENKUTSU DACHI, Then KIZAMI MAWASHI GERI, GYAKU ZUKI.

No.2

Avancer d'un pas, le pied avant (gauche). En même temps, NAGASHI UKE, URA ZUKI. déplacer le pied arrière à 45° vers la gauche, en repoussant l'adversaire avec la main gauche (celle de NAGASHI UKE.)

No.3

Le pied arrière (droit) étant le pivot, déplacer rapidement le pied avant à 45° vers l'arrière gauche. JŌDAN AGE UKE en MIGI ZENKUTSU DACHI. Puis, KIZAMI MAWASHI GERI GYAKU ZUKI.

No.2

① JŌDAN NAGASHI UKE DOJI CHŪDAN URA ZUKI |▶◀|
② HIKITE GAMAE

No.3

① JŌDAN AGE UKE
② KIZAMI MAWASHI GERI
③ CHŪDAN GYAKU ZUKI |▶◀|
④ HIKITE GAMAE

自由一本組手
上段追突

No.4
　前足（左）を左前方45度に踏み出しながら、平手払、底掌打、決めた後は、左足を軸に135度転身にて右足を捌く。

No.5
　攻撃に合せ前足（左）を引き寄せながら、左掌にて押え受と同時に、右足で踏み切り、右足飛蹴裏拳打。

No.4　①平手払　②中段底掌打 |▶◀|
　　　③引手構
No.5　①〜③上段落受同時飛前蹴裏拳打
　　　　　　　　　　　　　　|▶◀|

JIYŪ IPPON KUMITE
JŌDAN OI ZUKI

No.4

Step forward 45° to the left with the front foot, HIRATE BARAI, TEISHŌ UCHI. Using the left foot as a pivot, move the right foot 135° (TENSHIN) to the left

No.5

Bring the front foot (left) closer, at the same time, OSAE UKE with the palm of the left hand and jump with the right foot, MIGI ASHI TOBI GERI, URA KEN UCHI.

No.4

Avancer d'un pas le pied avant (gauche) à 45° vers la gauche, HIRATE BARAI, TEISHŌ UCHI. Le pied gauche étant le pivot, déplacer le pied droit à 135° (TENSHIN) vers la gauche.

No.5

Rapprocher le pied avant (gauche) et en même temps, que OSAE UKE avec la paume de la main gauche, sauter avec le pied droit MIGI ASHI TOBI GERI, URAKEN UCHI.

No.4
① HIRATE BARAI
② CHŪDAN TEISHŌ UCHI
③ HIKITE GAMAE

No.5
① ~ ③ JŌDAN OTOSHI UKE DŌJI TOBI MAE GERI URAKEN UCHI

95

No. 1 ⟶ ①

No. 2 ↓ ①

②

自由一本組手
中段追突

No.1
　前足を軸に、後足を左方向に45度腰の回転で鋭く捌くと同時に、中段外腕受、受けの反動をいかして逆突。

No.2
　後足（右）を軸に、攻撃にあわせて後方直線に捌きながら、左青竜刀下段受、右拳は左肩に構え、直ちに左膝と右肘の同時瞬発力をいかして裏拳打。

No.1　①中段外腕受　②中段逆突 ▶◀
　　　③引手構

No.2　①〜②左青竜刀下段受
　　　③上段裏拳打 ▶◀　④引手構

③　　　　　　　　　④

JIYŪ IPPON KUMITE
CHŪDAN OI ZUKI

No.1

Using the left foot as a pivot, step back to the left with the rear foot 45° using a quick rotation of the hips, CHŪDAN SOTO UDE UKE. Use the reaction, GYAKU ZUKI.

No.2

Using the rear foot (right) as a pivot, yield to the attack by stepping backwards in a straight line, HIDARI SEIRYUTŌ GEDAN UKE bringing the right fist on the left shoulder. Take advantage of the simultaneous and combined action of the two joints : left knee and right elbow to execute URAKEN UCHI.

No.1

Le pied gauche étant le pivot, déplacer le pied arrière à 45° vers la gauche avec l'aide d'une rotation rapide des hanches, CHŪDAN SOTO UDE UKE.
Utiliser la réaction. GYAKU ZUKI.

No.2

Le pied arrière (droit) étant le pivot, reculer en ligne droite en cédant à l'attaque, HIDARI SEIRYŪTO, GEDAN UKE en armant le poing droit sur l'épaule gauche pour URAKEN UCHI qui est exécuté en profitant de l'action instantanée et simultanée des deux articulations : genou gauche et coude droit.

No.1
① CHUDAN SOTO UDE UKE
② CHŪDAN GYAKU ZUKI ▶◀
③ HIKITE GAMAE

No.2
①~② HIDARI SEIRYUTŌ GEDAN UKE
③ JŌDAN URAKEN UCHI ▶◀
④ HIKITE GAMAE

自由一本組手
中段追突

No.3
後足（右）を軸に、前足を左方向直角に攻撃を受けずに体を捌き、方向転換と同時に逆突を決める。

No.4
攻撃者の運足キまで出合の前蹴、引足と同時に下段払、引足は右後方に退いて構え、直ちに踏み込み、上段刻突。

No.3　①逆突▶◀　②引手構
No.4　①出合中段前蹴▶◀
　　　２－Ａ下段払　②構
　　　③上段刻突▶◀　④引手構

2—A

JIYŪ IPPON KUMITE
CHŪDAN OI ZUKI

No.3

Using the rear foot (right) as a pivot, execute, at the same time, a TAI SABA-KI (change of direction) and GYAKU ZUKI without blocking, by moving the front foot (left) 90° to the left.

No.4

MAE GERI, of encounter (DEAI) before the opponent executes 3/4 of UN-SOKU. Execute GEDAN BARAI at the same time the foot is back to the rear right and resume the guard. Jump forward, JŌDAN KIZAMI ZUKI.

No.3

Le pied arrière (droit) étant le pivot, exécuter un TAI SABAKI (changement de direction) en même temps que GYAKU ZUKI sans blocage, en déplaçant le pied avant (gauche) à 90° vers la gauche.

No.4

MAE GERI de rencontre (DEAI) avant qu'il n'exécute le 3/4 de UNSOKU. Exécuter GEDAN BARAI en même temps que le pied se pose à l'arrière droite. Bondir en avant, JŌDAN KIZAMI ZUKI.

No.3
① GYAKU ZUKI ▶◀
② HIKITE GAMAE

No.4
① DEAI CHŪDAN MAE GERI ▶◀
2-A GEDAN BARAI
② KAMAE
③ JŌDAN KIZAMI ZUKI ▶◀
④ HIKITE GAMAE

99

自由一本組手
中段追突

No.5

前足(左)を左前方に一足分踏み出し、同時に逆下段払上段後回蹴、連続して柔道の大外刈の要領で相手の前足を払い、投げ倒す。受手は後回蹴後、相手の突腕を摑み、投げ技にいかす。投げた後は摑んだ腕を左手刀で払い分け、下方に逆突。

①逆下段払　②上段後回蹴　③大外刈
④受返　⑤逆突▶◀　⑥引手構

JIYŪ IPPON KUMITE

CHŪDAN OI ZUKI

No.5

Step forward with the left foot to the front left GYAKU GEDAN BARAI JŌDAN USHIRO MAWASHI GERI, Follow up as you reap his front leg with a throwing technique similar to ŌSOTOGARI in JUDŌ, Release his hand by striking with the edge of the left hand and execute GYAKU ZUKI downwards.

No.5

Avancer d'un pas le pied gauche vers l'avant gauche, GYAKU GEDAN BARAI, JŌDAN USHIRO MAWASHI GERI. Enchainer, en lui fauchant la jambe avant avec une technique de projection similaire à ŌSOTOGARI en JUDŌ. Chasser sa main en frappant avec le tranchant de la main gauche pour exécuter GYAKU ZUKI vers le bas.

① GYAKU GEDAN BARAI
② JŌDAN USHIRO MAWASHI GERI
③ ŌSOTO GARI ④ UKE GAESHI
⑤ GYAKU ZUKI ▶◀ ⑥ HIKITE GAMAE

No.1 ⟶ ①

自由一本組手

前蹴

No.1

　前足（左）を軸に、後足を右方向45度に捌くと同時に下段払、受腕に対する蹴りの衝撃力と、捌いた後足の偶力を利用し逆突。転身体捌は上段No.1と同じ。

①下段払　②中段逆突▶∥　③引手構

○前蹴を受け流して手刀打　●K.ジョンソンと。（カリフォルニアS.K.I.）
○NAGASHI UKE DŌJI SHUTŌ UCHI　●Mr. Johnson Kwok,（S.K.I. California）

JIYŪ IPPON KUMITE

MAE GERI

No.1

Using the front foot as a pivot, step back to the right the back foot (right) 45° GEDAN BARAI. Execute GYAKU ZUKI by taking advantage of the impulse of the MAE GERI against the hand and the opposition of the rear leg on the floor. The retreating movement (TENSHIN, TAI SABAKI) is identical to JODAN OI ZUKI N°1.(P.91)

No.1

Le pivot étant le pied avant, exécuter GEDAN BARAI en reculant le pied arrière (droit) à 45° vers la droite. Exécuter GYAKU ZUKI, en profitant de l'impulsion du MAE GERI contre le bras et de la résistance de la jambe arrière au sol. Le mouvement de recul (TENSHIN, TAI SABAKI) est identique à celui de JODAN OI ZUKI N°1.(P.91)

① GEDAN BARAI
② CHŪDAN GYAKU ZUKI
③ HIKITE GAMAE

No.2 ⟶ ①

自由一本組手

前蹴

No.2

　後足（右）を軸に前足を左後方45度に捌き、右前屈立下段払、直ちに払腕（右拳）を右脇に引く。引手（左拳）は縦手刀で突き出す。同時に前足（右）一足分を、後膝（左）の屈折筋力によって引き寄せる。直ちに後膝（左）の伸展筋力をいかし、相手の外側に飛び込みながら、右拳にて直突。

①下段払　2－A引手　②上段順突 ▶◀
③引手構

JIYŪ IPPON KUMITE
MAE GERI

No.2

Using the rear foot as a pivot, step back to the rear left with the front foot (left) 45° GEDAN BARAI in MIGI ZENKUTSU DACHI. Simultaneously, withdraw the front foot one step, pulling the right fist back to the hip and thrusting away the left hand shaped as in TATE SHUTŌ · Spring forward to the outside of the opponent, CHOKU ZUKI (right fist) using the antagonistic muscles of the rear leg : First the flexor, then the extensor.

No.2

Le pied arrière étant le pivot, reculer avec le pied avant (gauche) à 45° vers l'arrière gauche GEDAN BARAI en MIGI ZENKUTSU DACHI. Simultanément, reculer le pied avant d'un pas tout en ramenant le poing droit sur la hanche et en repoussant la main gauche en forme de TATE SHUTŌ. Bondir à l'extérieur de l'adversaire, CHOKU ZUKI (poing droit). Les muscles antagonistes de la jambe arrière entrent en jeu : d'abord le fléchisseur, ensuite l'extenseur.

① GEDAN BARAI
2-A HIKITE
② JŌDAN JUN ZUKI ▶◀
③ HIKITE GAMAE

No.4 ⟶ 1−A

自由一本組手
前蹴

No.3

　前足(左)を一足分踏み出しながら、下段十字受（左腕前右腕内側）、蹴の衝撃力を利用し、右腕にて流しながら後足を45度に捌く。転身と同時に横手刀打。

　十字受の力の配分は、右7分、左3分。

No.4

　前足（左）を軸に蹴攻撃に合せ、左前方に大きく一歩前進（中間動作は、押受より流受に変化）。直ちに後方に180度方向転換して右逆突。

No.3　①下段十字受　②横手刀打 ▶‒◀
　　　③引手構

No.4　1〜A〜①下段押流受　2−A転身構　②中段逆突 ▶‒◀　③引手構

JIYŪ IPPON KUMITE
MAE GERI

No.3

Step forward with the front (left) GEDAN JŪJI UKE (the left wrist over the right), Simultaneously, move the rear foot 45° to the left TENSHIN and YOKO SHUTŌ UCHI. The distribution of the blocking force is 7:3 (right:left).

No.4

Using the front foot (left) as a pivot, spring forward to the left, blocking with OSAE UKE changing to NAGASHI UKE. Rotate 180°, MIGI GYAKU ZUKI.

No.3

Avancer d'un pas le pied avant (gauche), GEDAN JŪJI UKE (le poignet gauche sur le droit). Simultanément, déplacer le pied arrière à 45° vers la gauche, TENSHIN et YOKO SHUTŌ UCHI, en profitant de l'impulsion du MAE GERI contre le bras droit. La répartition des forces du blocage est de 7:3 (droite:gauche).

No.4

Le pied avant (gauche) étant le pivot, bondir vers l'avant gauche en bloquant avec OSAE UKE qui se change en NAGASHI UKE. Rotation de 180°, MIGI GYAKU ZUKI.

No.3
① GEDAN JŪJI UKE
② YOKO SHUTŌ UCHI ▶◀
③ HIKITE GAMAE

No.4
1-A ~ ① GEDAN OSAE NAGASHI UKE
2-A TENSHIN GAMAE
② CHŪDAN GYAKU ZUKI ▶◀
③ HIKITE GAMAE

No. 5 ⟶ 1−A

自由一本組手
前蹴

No.5

　前足（左）を軸に一歩前進、運足3/4までに左下段受、残り1/4の運足で支足に受腕を掛け、騎馬となる。右腕は相手の上腹に掛ける。支足を掬いながら、自己の下腹で相手の体をはね上げ、地獄落の体勢をとる。

　危険防止のため、上脚にて相手の肩を支える。

1−A下段押受　①〜2−A逆抱込 ▶◀
2−B〜②地獄落

JIYŪ IPPON KUMITE
MAE GERI

No.5

Using the front foot as a pivot, step forward, HIDARI GEDAN BARAI at 3/4 of UNSOKU. In the last 1/4, in KIBADACHI stance, seize the opponent with the right arm around the abdomen and the left arm around his left leg which is lifted and the opponent is thrown from the position JIGOKU OTOSHI. This technique must be controlled for safety reasons.

1-A　GEDAN OSAE UKE
①〜2-A SAKA KAKAEKOMI ▶◀
2-B〜② JIGOKU OTOSHI

JIYŪ IPPON KUMITE

MAE GERI

No.5

Le pied avant étant le pivot, avancer d'un pas, HIDARI GEDAN BARAI au 3/4 du UNSOKU. Dans le dernier 1/4 en position KIBADACHI, saisir l'adversaire avec le bras droit autour de l'abdomen et le bras gauche autour de la jambe gauche qui sera soulevée et le corps de l'adversaire sera projeté de la position, JIGOKU OTOSHI. Cette technique doit être contrôlée pour des raisons de sécurité.

No.2 ⟶ 1-A

自由一本組手
横蹴込

No.1
　技法は、中段追突No.1と全く同じ要領。

No.2
　後足（右）を軸に、前足を右後方45度に捌きながら、合青竜刀受、左手首にあわせた右手先は、相手の顔面に向ける。後足膝バネと、右肘バネを同時活用し、縦突。

No.1　①外腕受　②中段逆突 ▶◀
　　　③引手構
No.2　①合青竜刀受　②上段縦突 ▶◀
　　　③引手構

No.1
① SOTO UDE UKE
② CHŪDAN GYAKU ZUKI ▶◀
③ HIKITE GAME

No.2
① AWASE SEIRYUTŌ UKE
② JŌDAN TATE ZUKI ▶◀
③ HIKITE GAMAE

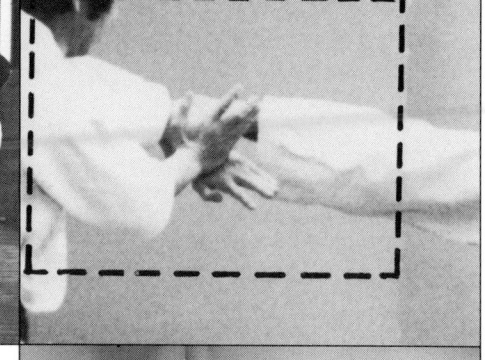

JIYŪ IPPON KUMITE
YOKO KEKOMI

No.1

Using the left foot as a pivot, step back to the left 45° with the rear foot, using a quick rotation of the hips, CHŪDAN SOTO UDE UKE. Use the reaction, GYAKU ZUKI. This technique is identical to OI ZUKI CHŪDAN N°1. (P.97)

No.2

Using the rear foot as a pivot, step back to the rear right 45° with the front foot (left). AWASE SEIRYUTŌ UKE, the edge of the right hand crossed over the left wrist, the finger tips pointing towards the face of the opponent. TATE ZUKI is executed by the simultaneous and instantaneous extensions of the left knee and right elbow.

No.1

Le pied gauche étant le pivot, déplacer le pied arriére à 45° vers la gauche avec l'aide d'une rotation rapide des hanches, CHŪDAN SOTO UDE UKE, GYAKU ZUKI en utilisant la réaction. Cette technique est identique à OI ZUKI CHŪDAN N°1. (P.97)

No.2

Le pivot étant le pied arrière, reculer le pied avant (gauche) à 45° vers l'arrière droite, AWASE SEIRYUTŌ UKE, les extrémités des doigts de la main droite dont le tranchant est croisé sur le poignet gauche pointées vers le visage de l'adversaire. TATE ZUKI est exécuté avec les extensions simultanées et instantanées du genou gauche et du coude droit.

自由一本組手

横蹴込

No.3
　左背腕受、前足（左）を軸に連続して後足外回りに素早く前進、前屈立と同時に後回猿臂打。受から打への移行に無駄なモーションをしない。

①背腕受　②後回猿臂 ▶◀　③引手構

2—A

JIYŪ IPPON KUMITE
YOKO KEKOMI

No.3

Using the front foot as a pivot, HIDARI HAIWAN UKE. Quickly, step forward from the outside with the right foot. USHIRO MAWASHI ENPI in ZENKUTSU DACHI. Eliminate every unnecessary movement between UKE and UCHI.

No.3

Le pivot étant le pied avant, HIDARI HAIWAN UKE. Avancer rapidement le pied droit vers l'extérieur, USHIRO MAWASHI ENPI en ZENKUTSU DA CHI. Eliminer tout mouvement inutile entre UKE et UCHI.

① HAIWAN UKE
② USHIRO MAWASHI ENPI
③ HIKITE GAMAE

No. 2 ⟶ 1 – A

自由一本組手
回蹴

No.1
　前足（左）軸に、後足を右方90度に捌く。転身と同時に背腕受逆突。

No.2
　前足（左）軸に、一歩前進しながら刻逆突、直ちに右縦手刀にて相手の首または肩を突き放しながら、左足を右に開く。

No.1　①上段背腕受　②中段逆突 ▶◀
No.2　①上段刻逆突 ▶◀ 2－A縦手刀突放
　　　②引手構

JIYŪ IPPON KUMITE

MAWASHI GERI

No.1

Using the front foot as a pivot, TENSHIN, by moving 90° to the right the rear foot (right) and at the same time execute, HAIWAN UKE, GYAKU ZUKI.

No.2

Using the front foot (left) as a pivot, spring forward KIZAMI GYAKU ZUKI. Immediately thrust the opponent away with the right hand shaped as in TATE SHUTŌ on the neck or the shoulder and move the left foot to the right.

No.1

Le pivot étant le pied avant, TENSHIN en déplaçant le pied arrière (droit) 90° à droite et en même temps, exécuter HAIWAN UKE, GYAKU ZUKI.

No.2

Le pivot étant le pied avant (gauche), bondir, KIZAMI GYAKU ZUKI. Repousser immédiatement l'adversaire sur le cou ou l'épaule avec la main droite en forme de TATE SHUTŌ et déplacer le pied gauche vers la droite.

No.1
① JŌDAN HAIWAN UKE
② CHŪDAN GYAKU ZUKI

No.2
① JŌDAN KIZAMI GYAKU ZUKI
2-A TATE SHUTŌ TSUKI HANASHI
② HIKITE GAMAE

自由一本組手

回蹴

No.3

後足（右）軸に、前足後方に捌く。合手刀受と同時に前足（右）で刻回蹴。

1－A～①合手刀受→同時上段刻回蹴 ▶◀

JIYŪ IPPON KUMITE

MAWASHI GERI

No.3

Using the rear foot as a pivot, step back with the front foot (left) simultaneously blocking with AWASE SHUTŌ UKE AND MAWASHI GERI with the right foot.

No.3

Le pivot étant le pied arrière, reculer le pied avant (gauche) en bloquant simultanément AWASE SHUTO UKE et MAWASHI GERI avec le pied droit.

1-A～①AWASE SHUTŌ UKE→ DŌJI JŌDAN KIZAMI MAWASHI GERI ▶◀

短刀捕り、後回蹴 USHIRO MAWASHI GERI

※ Against knife attack

* Contre une attaque avec un couteau

No.2 ⟶ 1−A

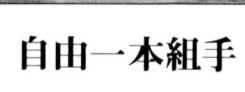

No.1 ↓ ① ② ③

自由一本組手
後蹴

No.1
　後足（右）軸に右後方45度に、前足を腰の回転で捌きながら、逆掬受回突。

No.2
　前足（左）を相手の支足めがけて踏み出しながら、逆腕受。騎馬立と同時に左足払、体を掬い上げる。床に落して逆突。

No.1　①逆掬受②上段回突▶◀③引手構
No.2　1−A〜①逆腕受　①〜2−A前腕掬受→同時足払掬投　②逆突▶◀　③引手構

No.1
① GYAKU SUKUI UKE
② JŌDAN MAWASHI ZUKI ▶◀
③ HIKITE GAMAE

No.2
1-A〜①GYAKU UDE UKE
①〜2-A MAE UDE SUKUI UKE →
DŌJI ASHIBARAI SUKUI NAGE
② GYAKU ZUKI ▶◀
③ HIKITE GAMAE

JIYŪ IPPON KUMITE
USHIRO GERI

No.1

Using the rear foot as a pivot, move 45° to the rear right the front foot (left) with a hip rotation, GYAKU SUKUI UKE, MAWASHI ZUKI.

No.2

Simultaneously, spring forward with the front foot (left) towards the opponent's supporting leg, GYAKU UDE UKE. In KIBADACHI, lift and throw, to the floor, HIDARI ASHI BARAI SUKUI NAGE, Finish with GYAKU ZUKI.

No.1

Le pivot étant le pied arrière, déplacer le pied avant (gauche) vers l'arrière droite à 45° avec une rotation des hanches, GYAKU SUKUI UKE, MAWASHI ZUKI.

No.2

En même temps, bondir avec le pied avant vers la jambe de support (gauche) de l'adversaire GYAKU UDE UKE. En KIBADACHI, soulever et projeter au sol, HIDARI ASHI BARAI, SUKUI NAGE. Terminer avec GYAKU ZUKI.

自由一本組手
後蹴

No.3
後足（右）を軸に、前足後方に捌く。右手掬受。直ちに左回転左後蹴。

①掬受　②後蹴 ▶◁　③残心構

JIYŪ IPPON KUMITE
USHIRO GERI

No.3
Using the rear foot as a pivot, simultaneously, step back with the front foot (left) MIGITE SUKUI UKE-HIDARI USHIRO GERI by turning counter-clockwise.

No.3
Le pied arrière étant le pivot, reculer le pied avant (gauche). Exécuter simultanément MIGITE SUKUI UKE-HIDARI USHIRO GERI en tournant dans le sens contraire des aiguilles d'une montre.

① SUKUI UKE
② USHIRO GERI ▶◁
③ ZANSHIN GAMAE

後蹴 USHIRO GERI

自由一本組手
上段刻突(きざみ)

No.1
　後足（右）を軸に、前足を左前方45度に捌きながら上段裏拳打。左前屈立。直ちに右前屈立に転換しながら左逆突。

①上段裏拳打　②中段逆突 ▶◀
③引手構

上段後三日月蹴　　○JŌDAN USHIRO MIKAZUKI GERI

2—A

JIYŪ IPPON KUMITE

JŌDAN KIZAMI ZUKI

No.1

Using the rear foot as a pivot, step forward 45° to the left with the front foot (left), JŌDAN URAKEN UCHI in ZENKUTSU DACHI. Follow-up immediately with HIDARI GYAKU ZUKI in MIGI ZENKUTSU DACHI with a quick hip rotation.

No.1

Le pivot étant le pied arrière, déplacer le pied avant (gauche) à 45° vers l'avant gauche, JŌDAN URAKEN UCHI en ZENKUTSU DACHI. Enchaîner immédiatement GYAKU ZUKI en MIGI ZENKUTSU DACHI avec une rotation rapide des hanches.

① JŌDAN URAKEN UCHI
② CHŪDAN GYAKU ZUKI ▶◀
③ HIKITE GAMAE

No.3 ⟶ 1-A

No.2 ↓ ①

②

③

自由一本組手
上段刻突

No.2
　上段平手払受と同時に足払。自分の払足が床に着くと同時に裏突。直ちに左底掌にて相手の腕の付根を突っ張り、体を捌く。

No.3
　後足を軸に、前足一歩前進し、背腕流受裏拳打、不動立。直ちに体を捌く。

No.2　①上段平手払受、同時足払
　　　②中段裏突 ▶◀　③引手構
No.3　1-A〜①背腕流受、同時裏拳打 ▶◀
　　　②引手構

JIYŪ IPPON KUMITE
JŌDAN KIZAMI ZUKI

No.2

Execute simultaneously, ASHI BARAI and JŌDAN HARAI UKE, then URA ZUKI when the foot touches the floor. Immediately thrust the opponent away with the palm heel of the hand on the shoulder.

No.3

Using the rear foot as a pivot, simultaneously step forward with the front foot (left) HAIWAN NAGASHI UKE, URAKEN UCHI in FUDŌ DACHI. Step away immediately.

No.2

ASHI BARAI et JŌDAN HARAI UKE simultanés. Exécuter URA ZUKI à l'instant où le pied touche le sol. Repousser tout de suite l'adversaire avec le talon de la paume gauche contre l'épaule.

No.3

Le pivot étant le pied arrière, avancer simultanément le pied avant (gauche) HAIWAN NAGASHI UKE, URAKEN UCHI en FUDŌ DACHI. S'écarter immédiatement.

No.2
① JŌDAN HIRATE HARAI UKE DŌJI ASHI BARAI
② CHŪDAN URA ZUKI ▶◀
③ HIKITE GAMAE

No.3
1—A~① HAIWAN NAGASHI UKE DŌJI URAKEN UCHI ▶◀
② HIKITE GAMAE

No. 1 ⟶ ①

自由一本組手
中段逆突

No.1
　前足（左）を軸に、後足を左側45度に捌きながら転身、同時に上段刻突、刻突の肘は脇より離さない。逆突。

①上段刻突　2－A構　②中段逆突 ▶◀
③突放構

JIYŪ IPPON KUMITE
CHŪDAN GYAKU ZUKI

No.1

Using the front foot as a pivot, move 45° to the left the rear foot (right) JŌDAN KIZAMI ZUKI, quickly pulling the elbow close to the hip, then, GYAKU ZUKI.

No.1

Le pivot ètant le pied avant, déplacer le pied arrière (droit) à 45° vers la gauche, JŌDAN KIZAMI ZUKI, et ramener rapidement le coude près de la hanche, puis, GYAKU ZUKI.

① JŌDAN KIZAMI ZUKI
2-A KAMAE
② CHŪDAN GYAKU ZUKI
③ TSUKI HANASHI GAMAE

127

自由一本組手
中段逆突

No.2
　前足一足分開くと同時に下段払回蹴。連続して支足を前方に突っ張りながら体の張りを利用し、平行後手刀打。

No.3
　右足を捌くと同時に下段払。同じ手で裏拳打。

No.2　①下段払、同時中段回蹴　②平行後手刀打 ▶◀　3−A引手
　　　③残心構

No.3　①下段払　②上段裏拳打 ▶◀
　　　③引手構

JIYŪ IPPON KUMITE
CHŪDAN GYAKU ZUKI

No.2

Execute *GEDAN BARAI-MAWASHI GERI*, simultaneously as you step forward with the left foot outside the opponent's left foot. Spring forward, *HEIKŌ USHIRO SHUTŌ UCHI* as the left leg is straightened.

No.3

GEDAN BARAI as you move the right foot, then, with the same hand, *URAKEN UCHI*.

No.2
① GEDAN BARAI   DŌJI CHŪDAN MAWASHI GERI
② HEIKŌ USHIRO SHUTŌ UCHI ▶◀
   3-A HIKITE
③ ZANSHIN GAMAE

No.2

En même temps que l'on déplace le pied gauche à l'extérieur du pied gauche de l'adversaire, exécuter *GEDAN BARAI, MAWASHI GERI*. Pour *HEIKŌ USHIRO SHUTŌ UCHI* bondir vers l'avant en utilisant la détente de la jambe gauche.

No.3

GEDAN BARAI en même temps que que l'on déplace le pied droit, puis de la même main, *URAKEN UCHI*.

No.3
① GEDAN BARAI
② JŌDAN URAKEN UCHI ▶◀
③ HIKITE GAMAE

送自由一本組手

〈練習目的〉最初は自由一本組手と同様ですが、一発目の攻撃後、攻撃目標と攻撃技を定めず、自由に二度目の攻撃を仕掛けます。防禦者(ぼうぎょ)は最初の攻撃に対する反撃後、直ちに心身共に万全な自由体勢を整えて次の攻撃を待ちます。攻撃者の二度目の自由攻撃に対して、再び反撃技で決めます。

組手というものは、例え素速い一拳必殺の威力ある技をもって攻撃したとしても、相手もそれ相応の力量ある者、またはそれ以上の場合は、一撃で勝負を決することは困難です。

そこで二度目の攻撃が必要となります。防禦者にしても、全く同じことがいえます。一弾の攻撃技を確実に受け、または捌(さば)いて反撃したとしても、必ずしも完全に決まり、相手が倒れるとは限りません。したがって次の攻撃に対して十分対応できるだけの、反撃後の余裕ある体勢と残心が重要となります。

そのため連続的な攻撃法と防禦法について、徹底的な訓練を積み、反応の速さ、動きのスピード、それに心・体・息の調整力を養い、連続的行動を連発してもくずれないだけの、心技体の向上をはからなければなりません。

以上の目的達成のための理想的な練習方法として、送自由一本組手が構成されたものです。

〈技法と用法〉攻撃者は自由な構より、相手に攻撃目標と技を伝え、相手の隙(すき)を見はからい、思い切りよく、しかもスピーディに一発の攻撃を繰り出します。攻撃の場合、牽制をつかって相手の心に動揺を与えたり、タイミングをはずしたり、バランスをくずした隙に攻撃するのもいい方法です。

防禦者は攻撃者をよく見て誘いに乗らず、気負けすることなく、恐れず静かに待つ、牽制か本攻撃かをよく見きわめるだけの、精神的余裕が大切です。本攻撃と見定めた場合は、一発目は自由一本と同様、八方いずれかに捌きながら受け、または捌きながら反撃技をもって決めます。

攻撃者は一発目の防禦者の反撃終了を確認と同時に、防禦者の位置すなわち方角と距離(間合)を、瞬間的にはかり(見切り)、それに有効な二発目の自由攻撃を、思い切り繰り出します。

防禦者は相手の気魄(きはく)に負けないだけの気を全身にみなぎらせ、相手の拳や足は刃物と思い、真剣に、ただし恐れずあわてず、冷静な体勢で待ちます。相手の拳あるいは蹴は、体に触れる寸前までよく見定めて、一気に捌きながら受け、反撃します。または捌きながら決め、再び自由体勢に戻ります。

OKURI JIYŪ IPPON KUMITE

AIMS: This KUMITE belongs to the same group: YAKUSOKU JIYŪ KUMITE. The execution is identical to JIYŪ IPPON KUMITE. However, after the counter-attack, the attacker executes a second attack (OKURI: to give back, to return) without warning. The defender in free style stance after the counter-attack, must be ready physically and mentally to face all possibilities to enable him to counter-attack a second time.

We must be realistic in KUMITE. We have often heard the KARATE expression "To kill with one blow" (IKKEN HISSATSU). Generally, one attack is not sufficient to win over an opponent of equal or higher level. Thus the need of a second attack. Likewise the same argument stands for the defender who has successfully blocked and countered with a strong technique. The latter will not necessarily put an end to the fight.

We must emphasize the importance of ZANSHIN and self-control after executing a counter-attack to ensure a better perception of the next attack. Therefore, we should attain the physical, mental and technical level required by such a sequence of attacking techniques as well as blocking techniques, mainly, reflexes, speed of performance, physical, mental and breathing control by training thoroughly, and with perseverance the way of combining the attacks as well as the adequate blocks.

This is the cogency of this KUMITE, devised to reach this goal.

METHOD · TECHNIQUES: The attacker, in free style stance, after warning of the level and attack executes his attack with speed and power at the proper moment, He will try to fool, unbalance and upset the opponent's psychology by making feints or threats. The defender must neither play his game nor be intimidated or overwhelmed. He will wait calmly and remain careful. This action requires from him, a lot of perception and composure to enable him, in case of a real encounter, to counter-attack whether he blocks or not while moving in the appropriate direction, as in JIYŪ IPPON KUMITE. The attacker, as soon as the counter-attack is executed, in a glance will consider the opponent's new position (MIKIRI) that is, the direction and mutual distance (MAAI), and **without warning**, attacks with vigour a second time with an adequate technique.

The defender must have the real feeling of being under the threat of a sharp weapon. Like his opponent, he must be full of fighting spirit and wait calmly, without rushing and without fear until the last instant when this weapon is close to the skin, and at the same time, he will move and counter-attack a second time, regardless of whether he blocks or not, and then resumes his free stance.

Following untiring repetition, the acquisition of these movements will be a technical and tactical asset for the practice of JIYŪ KUMITE.

OKURI JIYŪ IPPON KUMITE

BUT: Ce KUMITE appartient au même groupe: YAKUSOKU JIYŪ KUMITE. L'exécution est identique à celle du JIYŪ IPPON KUMITE. Par contre, après la contre-attaque, l'attaquant exécute une seconde attaque (OKURI: retourner, renvoyer), sans préavis. L'attaqué, en garde libre après la première contre-attaque doit être prêt physiquement et mentalement à toutes les éventualités pour riposter une seconde fois.

En KUMITE, il faut être réaliste. En KARATE, on a souvent entendu l'expression "tuer d'un seul coup" (IKKEN HISSATSU). En général, une attaque ne suffit pas pour remporter la victoire sur un adversaire égal ou supérieur. C'est ici, qu'intervient la nécessité d'une seconde attaque. Le même raisonnement s'applique aussi bien à l'attaqué qui a réussi à se défendre et exécuter une contre-attaque puissante. Celle-ci ne met pas toujours fin au combat.

Il faut souligner l'importance du ZANSHIN et de la maîtrise de soi après l'exécution d'une contre-attaque, pour assurer une meilleure réceptivité à l'attaque suivante. Par conséquent, il faudra acquérir la condition physique, mentale et technique exigée par un tel enchaînement des mouvements d'attaques comme des défenses, notamment: réflexes, vitesse d'exécution et contrôle physique, mental et respiratoire en travaillant à fond, et avec persévérance la façon d'enchaîner les attaques aussi bien que les blocages appropriés.

C'est le bien-fondé de ce KUMITE qui a été conçu pour atteindre ce but.

MÉTHODE · TECHNIQUES: De la position, en garde libre, l'attaquant après avoir avisé le niveau et la technique, attaque avec vitesse et puissance à l'instant favorable. Il cherchera à tromper, déséquilibrer et bouleverser la psychologie de l'adversaire en ayant recours à des feintes ou à des gestes menaçants.

L'attaqué ne doit pas se laisser prendre au jeu, ni se faire intimider ou déborder. Il attendra calmement, tout en étant attentif. Cette action exige beaucoup de discernement et de sang-froid de sa part, car elle permet dans une situation réelle d'exécuter la contre-attaque après avoir bloqué ou non, tout en se déplaçant dans la direction appropriée comme en JIYŪ IPPON KUMITE. Aussitôt que la contre-attaque est terminée, l'attaquant, d'un coup d'oeil, juge la nouvelle position de l'adversaire (MIKIRI) c'est-à-dire la direction et la distance mutuelle (MAAI), et **sans préavis** attaque énergiquement une deuxième fois avec une technique appropriée.

L'attaqué doit réellement éprouver le sentiment d'être sous la menace d'une véritable arme à tranchant. Comme son adversaire, il doit être animé d'un esprit combatif et l'attendre calmement, sans hâte, ni appréhension jusqu'au dernier moment où cette arme vient effleurer la peau, et en même temps se déplace et contre-attaque une deuxième fois avec ou sans blocage, puis reprend sa garde libre.

A la suite de répétitions inlassables, l'acquisition de l'automatisme des mouvements constituera un atout technique et tactique dans l'entraînement au JIYŪ KUMITE.

後回蹴　USHIRO MAWASHI GERI

A ⟶ ①

送自由一本組手

第一攻撃
A－①●上段追突　○流受同時中段裏突
　②○相手を突き離し、右足捌き残心構

第二攻撃
A－③●後蹴込　○背手背腕受
　④○上段回蹴
　⑤○残心構

護身術のデモンストレーション
GOSHIN JITSU　Demonstration

OKURI JIYŪ IPPON

FIRST ATTACK ◆ PREMIERE ATTAQUE
SECOND ATTACK ◆◆ SECONDE ATTAQUE

— A —

① ◆ JŌDAN OI ZUKI
  ○ NAGASHI UKE CHŪDAN URA ZUKI.
  ※ simultaneously,
  * simultanément.

② ○ ZANSHIN GAMAE
  ※ moving to the side, pushing the attacker.
  * en repoussant l'attaquant, en se déplaçant vers le côté.

③ ◆◆ USHIRO KEKOMI
  ○ HAISHU HAIWAN UKE

④ ○ JODAN MAWASHI GERI

⑤ ○ ZANSHIN GAMAE

135

送自由一本組手

第一攻撃
B－①●中段追突　○上段刻突（右足外側に捌く）　②○残心構

第二攻撃
B－③●裏拳打（右足相手側に運足）
　　○背手受
　　④○中段前蹴　⑤○残心構

第一攻撃
C－①●中段追突　○青竜刀下段逆受
　　　　　　　（左足一歩後退）
　　②○上段突　③○残心構

第二攻撃
　　④●回蹴　○体捌　⑤○刻回蹴
　　⑥　残心構

OKURI JIYŪ IPPON

—B—

① ◆ CHŪDAN OI ZUKI
　○ JŌDAN KIZAMI ZUKI
　※ moving the right foot to the outside
　* déplaçant le pied droit à l'extérieur

② ○ ZANSHIN GAMAE

③ ◆◆ URAKEN UCHI
　※ advancing the right foot towards the opponent
　* avançant le pied droit vers l'adversaire
　○ HAISHU UKE

④ ○ CHŪDAN MAE GERI

⑤ ○ ZANSHIN GAMAE

—C—

① ◆ CHŪDAN OIZUKI
　○ SEIRYUTŌ GEDAN GYAKU UKE
　※ stepping back with the left foot
　* reculant avec le pied gauche

② ○ JŌDAN ZUKI

③ ○ ZANSHIN GAMAE

④ ◆◆ MAWASHI GERI
　○ TAI SABAKI

⑤ ○ KIZAMI MAWASHI GERI

⑥ ○ ZANSHIN GAMAE

137

D ━━▶ ①

送自由一本組手

第一攻撃
D-①●上段追突　○縦手刀受（右足内側に捌く）　D-②○逆突
③○残心構

第二攻撃
④●回蹴　○背手背腕受（左足左後方に捌く）
⑤○逆突　⑥○残心構

○後回蹴、抱一螢道場にて。○USHIRO MAWASHI GERI，(Hōitsugan Dōjō)

OKURI JIYŪ IPPON

—D—

1. ◆ JŌDAN OIZUKI
   ○ TATE SHUTŌ UKE
   ※ moving the right foot to the inside
   * déplaçant le pied droit vers l'intérieur

2. ● GYAKU ZUKI

3. ○ ZANSHIN GAMAE

4. ◆◆ MAWASHI GERI
   ○ KAISHU HAIWAN UKE
   ※ moving the left foot to the rear left.
   * déplaçant le pied gauche vers l'arrière gauche.

5. ○ GYAKU ZUKI

6. ○ ZANSHIN GAMAE

139

E ─→ ①

送自由一本組手

第一攻撃
E－①●中段追突　○外腕受
　　○中段逆突
　　○残心構

第二攻撃
④●回蹴　○背腕受（左足左後方に捌く）　E－⑤○逆突
⑥○残心構

猿臂打　ENPI UCHI

OKURI JIYU IPPON

— E —

① ◆ *CHŪDAN OI ZUKI*
  ○ *SOTO UDE UKE*

② ○ *CHŪDAN GYAKU ZUKI*

③ ○ *ZANSHIN GAMAE*

④ ◆◆ *MAWASHI GERI*
  ○ *HAIWAN UKE*
  ※ moving the left foot to the rear left
  * déplaçant le pied gauche vers l'arrière gauche

⑤ ○ *GYAKU ZUKI*

⑥ ○ *ZANSHIN GAMAE*

F ─→ ①

送自由一本組手

第一攻撃
F-①●前蹴　○下段払（左足後方に捌く）　②○中段逆突
○残心構

第二攻撃
●蹴込（横蹴または後蹴）
○背腕受（右足右後方に捌く）
○逆突　⑥○残心構

逆突　GYAKU ZUKI

OKURI JIYŪ IPPON

— F —

① ◆ *MAE GERI*
   ○ *GEDAN BARAI*
   ※ moving the left foot to the rear left
   * reculant le pied gauche vers l'arrière gauche

② ○ *CHŪDAN GYAKU ZUKI*

③ ○ *ZANSHIN GAMAE*

④ ◆◆ *KEKOMI* { *YOKO GERI* / *USHIRO GERI* }
   ○ *HAIWAN UKE*
   ※ moving the right foot to the rear right
   * déplaçant le pied droit vers l'arrière droite

⑤ ○ *GYAKU ZUKI*

⑥ ○ *ZANSHIN GAMAE*

G ⟶ 1-A

送自由一本組手

第一攻撃
G1-A ●上段追突　○左足後方に半歩捌(さば)
　　　きながら、上段横受同時横蹴
　　　①○逆突　　②○残心構

第二攻撃
③～④●右足を相手の捌(さば)いた方向に
　　　更に踏み込み、左中段逆突
　　　○下段払同時刻回蹴
　　　⑤○残心構

回蹴　MAWASHI GERI

OKURI JIYŪ IPPON

— G —

1—A ◆ *JŌDAN OI ZUKI*
   ○ *JŌDAN YOKO UKE – YOKO KEKOMI*
   ※ simultaneously moving the left foot one half step to the rear left
   * simultanément, en déplaçant d'un demi-pas le pied gauche vers l'arrière gauche.

① ○ *GYAKU ZUKI*

② ○ *ZANSHIN GAMAE*

③ ◆◆ *HIDARI CHŪDAN GYAKU ZUKI*
   ※ taking a further step with the right foot towards the opponent
   * en avançant davantage le pied droit vers l'adversaire

④ ○ *GEDAN BARAI KIZAMI MAWASHI GERI*
   ※ simultaneously
   * simultanément

⑤ ○ *ZANSHIN GAMAE*

八方組手

〈練習目的〉組手形と同様、応用組手です。鍛錬組手、基本組手、約束組手、自由組手は一対一をもって行なわれるのに対し、八方組手は八方に相手を置き、その相手が各自、自由攻撃を仕掛けるのに対し、防禦者はそれを自由に捌きながら受け、反撃をもって決めるところから、八方組手の名称が生まれたものです。

八方よりの攻撃が防禦できるならば、物理的にそれ以上の攻撃可能な隙はない、と考えられます。すなわち護身術として考えた場合、敵が8人以上ならば、10人も20人もあまり変わりはない、という想定のもとに構成された組手です。

いくら一人の相手に強くても、二人以上の敵に慣れていなくては、護身術として自己の力と技を有効に発揮することはできません。慣れるということが、いかに大切であるかを忘れてはいけません。

八方組手は八方の敵を相手に長時間、闘わなければならないので、タイミング、バランス、リラクゼーション（息抜き）、集中力、巧緻性等心身の調整力に敏捷性と持久性、それに転身、体捌の流動性を最も必要とする組手であり、またこれらを養成するための理想的組手といえます。時間的には50秒から2分間ですが、その都度レベルに応じて決めます。

〈技法と用法〉まず防禦者は、自己の自然体の足幅を半径とした円の中心に自由な構えで立ちます。攻撃者は約2メートルの間合で八方に位置し、攻撃体勢をとります。攻撃順は自由ですが、攻撃目標または攻撃技を宣言してから、各自攻撃を仕掛けます。攻撃終了後、直ちに元の位置に戻ります。一度に一名の攻撃が原則で、防禦者の反撃技の決め確認と同時に、次々と休ませることなく攻撃します。

防禦者は、自己の自然体の足幅を半径として、円の中に必ず片足はあるように努め、一方に追い詰められないようにします。

心構えとしては、気を臍下丹田に詰め、全神経を全身にみなぎらせ、しかも冷静な気持と、楽な姿勢で相手の攻撃を待ち構えます。相手の位置、すなわち方角と間合と技を的確に判断し、それに最も適当な転身、体捌と同時に、受けて反撃します。または転身、体捌と同時に決めます。直ちに自然体八方構となり、次の攻撃者を待ち受けます。

呼吸を正しく使い、息の乱れないように注意します。呼吸は持久力にも、自信にも大きな影響を与えます。

HAPPŌ KUMITE

AIMS: This KUMITE belongs to the same group as KUMITE GATA: ŌYŌ KUMITE. Thus named because the defender must block and counter-attack successively against eight adversaries surrounding him. (The word HAPPŌ refers to the eight main directions). Until now, the attacker was facing a single attacker only in TANREN, KIHON, YAKUSOKU, and JIYŪ KUMITE.

This KUMITE is based on a principle of self-defence. One should be able to defend himself against these eight directions because they represent the eight possibilities for an attack. It does not matter if the number of adversaries exceeds ten or twenty. It is possible to face such an encounter in life.

If unaccustomed to it even a man who can successfully defend himself against one opponent would be helpless against many adversaries and the techniques used would not be effective if he fails to realize this important requirement of self defence.

Efficiency is acquired by practice. This important point should not be forgotten.

In order to face, a period (30 seconds to 2 minutes) surrounded by adversaries, this KUMITE, more than the others, requires the following qualities: promptness, endurance, smoothness (TENSHIN, TAI-SABAKI) and physical and mental control such as: timing, balance, relaxed attitude, concentration, acuteness, etc.

Special attention must be given to this method for developing these qualities.

METHOD · TECHNIQUES: The defender stands at the center of a circle in SHIZENTAI position. The radius of this circle of eight equally separated attackers is approximately two meters. There is no set order for attacking. Nevertheless, the level and technique used must be mentionned before each attack. As soon as the attack is executed he must quickly return to his initial position. One attack each time is the rule. As soon as they notice the defender has executed his counter-attack with KIME, they attack successively without stopping so that the defender is not given any chance to pause.

The defender must not be overwhelmed. He must always keep one foot at the center of the circle. He will maintain his composure against the next attack, the body relaxed, the KI concentrated in the TANDEN and fully alert. He will execute his movement of TENSHIN or TAI SABAKI according to the technique and position of the attacker (direction and mutual distance) and with an optional block, counter-attacks immediately, then quickly resumes the position "SHIZENTAI HAPPŌ GAMAE" for the next attack.

To avoid the hazard of being winded, special attention must be paid to the rythm of breathing as this will greatly influence physical endurance and self-confidence.

HAPPO KUMITE

BUT: Ce KUMITE fait partie du même groupe que KUMITE GATA: OYO KUMITE. Ainsi nommé parce que l'attaqué, se défend et riposte successivement contre huit adversaires qui l'entourent. (Le mot HAPPŌ signifiant les huit directions principales). Jusqu'ici l'attaqué faisait face à un seul attaquant dans les TANREN, KIHON, YAKUSOKU et JIYŪ KUMITE.

Ce KUMITE est basé sur un principe de l'auto-défense. Il suffit de pouvoir se défendre dans ces huit directions, car elles représentent les huit possibilités d'une attaque. Ce n'est pas important si le nomble d'adversaires, est supérieur, que ce soit dix ou vingt. C'est une situation qui peut se présenter dans la vie.

S'il est inhabitué, même un homme entraîné et en mesure de se défendre contre un attaquant serait incapable de se défendre contre plusieurs adversaires et les techniques exécutées seraient inefficaces s'il ne réalise pas l'importance de cet aspect de l'auto-défense. C'est un point important qu'il ne faut jamais oublier.

Dans ce KUMITE on est entouré d'adversaires qu'il faut affronter pendant(30 secondes ã 2 minutes). Par conséquent il exige plus que les autres les qualités suivantes: promptitude, endurance, fluidité, (TENSHIN, TAI SABAKI) et contrôle physique et mental tels que: timing, sens de l'équilibre, décontraction, concentration, finesse d'action, etc...

Cette méthode mérite une attention toute particulière, car elle développe ces qualités.

MÉTHODE· TECHNIQUES: L'attaqué se place au centre d'un cercle, en SHIZENTAI. Les attaquants, en garde libre, sont placés à intervalles égaux et forment un cercle dont le rayon est de deux mètres environ.

L'ordre dans lequel les attaques sont exécutées est arbitraire. Il faut toujours déterminer le niveau et la technique employée. Aussitôt que l'attaque est terminée, il revient immédiatement à sa place. Une seule attaque à la fois en est la règle. Aussitôt que l'attaqué a exécuté sa contre-attaque avec KIME, ils se succéderont sans interruption pour ne pas lui laisser aucun répit.

L'attaqué ne doit pas se faire déborder. Il devra toujours garder un pied, à l'intérieur au centre du cercle. Il conservera son calme pour l'attaque suivante, le corps décontracté, le KI concentré sur le TANDEN tout en demeurant très alerte. Il exécutera son mouvement de TENSHIN ou TAI SABAKI approprié à la technique et à la position de l'adversaire (direction et distance mutuelle (MAAI)) et avec un blocage facultatif exécute immédiatement sa riposte, puis reprend rapidement la position "SHIZENTAI HAPPŌ GAMAE" pour l'attaque suivante.

Pour éviter le risque d'essouflement il faut porter une attention particulière au contrôle du rythme respiratoire, car il a une influence considérable sur l'endurance physique et la confiance en soi.

●上段回蹴　●JŌDAN MAWASHI GERI
○平行手刀受　○HEIKŌ SHUTŌ UKE

八方組手

①構え　②A●前蹴　○下段払
③－A～③○上段順突
④残心構
⑤B●中段追突　○後蹴　⑥残心構
⑦－A～⑦C●上段追突　○縦手刀受中段逆突　⑧残心構
⑨A●上段追突　○上段摑受同時刻回蹴
⑩残心構

150

HAPPŌ KUMITE

①   KAMAE ●A●B●C

②   A●MAE GERI
~   ○GEDAN BARAI
③   JŌDAN JUN ZUKI

④   ZANSHIN GAMAE

⑤   B●CHŪDAN OI ZUKI
     ○USHIRO GERI

⑥   ZANSHIN GAMAE

7-A C● JŌDAN OI ZUKI
~   ○ TATE SHUTŌ UKE CHŪDAN
⑦   GYAKU ZUKI

⑧   ZANSHIN GAMAE

⑨   A● JŌDAN OI ZUKI
     ○ JŌDAN TSUKAMI UKE DŌJI
     KIZAMI MAWASHI GERI

⑩   ZANSHIN GAMAE

八方組手

⑩残心構→11−A〜⑪B●上段回蹴
○背腕受中段逆突　⑫残心構
13−A〜⑬C●上段追突　○摑受同時刻
回蹴→中段逆突
⑭残心構
⑩↓
11−A〜⑪B●横蹴込　○合青竜刀受、
縦突　⑫残心構

(10〜12)

⑩　　　ZANSHIN GAMAE

11-A　B● YOKO KEKOMI
〜　　○AWASE SEIRYUTŌ UKE,
⑪　　　TATE ZUKI

⑫　　　ZANSHIN GAMAE

HAPPŌ KUMITE

KAMAE ● A ● B ● C

(10~14)

⑩   ZANSHIN GAMAE

11-A   B● *JŌDAN MAWASHI GERI*
~   ○ *HAIWAN UKE CHUDAN*
⑪   *GYAKU ZUKI*

⑫   ZANSHIN GAMAE

13-A   C● *JŌDAN OI ZUKI*
~   ○*TSUKAMI UKE DŌJI*
⑬   *KIZAMI MAWASHI GERI*
          →*CHUDAN GYAKU ZUKI*

⑭   ZANSHIN GAMAE

自由組手

〈練習の目的〉自由組手とは、日頃鍛えに鍛えた、突き、蹴り、打ち、当て、受け技と、気力と心技をもって、約束することなく、二人相対して自由自在に攻防を展開することです。

〈技法と用法〉攻防を展開する場合は、生死を決する格闘という仮定をたて、その中に自らを投げうって勝負していく、真剣勝負の心境にならなければなりません。

今日盛んに行なわれている競技大会での自由組手は、競技規定等にしたがって勝敗を競うものです。それはお互いに人格を尊重し合い、それに応えられる品性をも備え、自分に厳しい責任感と、信頼性のもとに相手を倒し得る、威力ある技を目標寸前で止め、瞬間的に爆発させることです。試合の駆引(かけひき)としては、相手の呼吸、心理、間合を読みとることです。

スポーツとしての空手道は、競技である以上相手に勝つことが主目的です。武道としての空手道は、己れに勝つ（克つ）ことが目的なので、その点をよくわきまえた上で、競技に挑んで勝つことに徹する点が大切といえます。

●試合組手と競技組手

〈試合組手〉武道としての空手道には試合はありません。しかし実戦の場に変わって技の生きた動きを体得するため、又、自分の技倆、力倆を計る（知る）意味で、相手と技を掛け合い、お互いの気力、体力、技術を規制されることなく、自由に優劣を試しあうことを、試合組手といいます。

試合組手には競技組手のような特別のルール、すなわち試合規定はありません。自分の「心」がルールであり、心の規制の中で日頃の練磨による調和された「心技体」を十分に発揮して闘うことです。

武器のような威力ある必殺的技が、目標寸前で心の命ずるままにピシャリと決まってこそ、空手道の試合組手といえます。

自分の拳足体が心の命ずるままにコントロールできてこそ、自分の精神も自在にコントロールでき、そこに克己心が磨かれ、人格形成が成立します。ルールがないということは、まかり間違えば危険きわまりない大怪我のもととなります。それだけに止めるという責任感は重大であるとともに、お互いの信頼感がなければ、できることではありません。

空手道の真髄は、つきつめれば一拳必殺の威力ある技を、いかに目標寸前で瞬間的に爆発させることができるかという、ことではないでしょうか。これは黙黙と着実に鍛錬組手、基本組手、約束組手と段階を踏んで練習してきた者に

のみ可能なのです。

〈競技組手〉これは競技、試合、審判規定にのっとって、そのルールの中で気力、体力、技術の優劣を競い、勝敗を決するものです。

判定は審判員が決定しますので、選手は競技力向上と合わせ、試合規定、審判規定を徹底的に研究すると共に、対戦相手と同等に審判員の性格や心理を、速やかに読みとることが重要です。

極論を申しますと、武道的空手道の必殺的威力ある正しい技よりも、変則的な破壊力に乏しい技の方が受けられにくく、又、当たった場合にも相手にダメージを与える危険が少ないので、反則を免れます。

極端にいいますと、当ててはならない突き、蹴り、打ちをなぜ「マキワラ」等をもって、必殺的威力あるものに鍛え上げなければならないのでしょうか。その分の時間をほかの練習に費やした方がよいと思います。

空手道は勝敗のみを競う格闘用競技ではありません。しかし現代ルールによって競技が行なわれている以上、それに携わるものが勝利への道を追求するのは当然のことです。

極論を申し上げましたが、極論に徹しられてこそ、競技組手必勝の道が開かれます。

なお、以上の言葉は、競技大会出場を目的とする選手諸君を対象としたものであることを、一言つけ加えておきます。

JIYŪ KUMITE

In JIYŪ KUMITE two opponents are allowed to freely and without warning, use their various techniques of attack and defence (TSUKI, KERI, UCHI, ATE and UKE) and fighting spirit acquired in daily training.

Each must strive towards achieving the indomitable spirit required on the battlefield, when facing a duel with naked swords, where one's very life is at stake.

The JIYŪ KUMITE practised in the increasingly popular competitions, must remain unaltered by the competition rules. Competitors must use their most effective techniques and try to make them explode just short of the target. They both must respect the dignity of the other and deserve this respect. This involves a deep sense of responsibility and mutual trust.

The key to the tactics is the observation of breathing, psychology, and MAAI of the opponent.

The aim of a competitive sport is, above all to gain a victory over an opponent.

The KARATE-DO of BUDŌ aims at the achievement of victory over oneself which is the mastery of the self.

Those who are competition-oriented must take this difference into consideration before getting totally involved.

全日本大会の審判
The author, referee All Japan Championship

SHIAI KUMITE and KYŌGI KUMITE: Frankly, actual combat (SHIAI) as such, has no place in KARATE-DŌ which is a way of the martial arts. Instead, we have SHIAI KUMITE or (contest combat) which, while paradoxical, gives the participants a testing ground to match their skills competetively, in order to evaluate their mental, physical, and technical aspects freely, thus acquiring the real efficiency they require in an actual encounter.

Unlike KYŌGI KUMITE, **SHIAI KUMITE** is not governed by a fixed set of rules. It is instead regulated by the conscience of the participants. It is always under the control of the mind that one should display the physical, mental and technical values (SHIN-GI-TAI) acquired harmoniously through daily training. The powerful technique, transformed into a real weapon stops just short of the target under the perfect control of the mind. This is a typical scene in SHIAI KUMITE of KARATE-DŌ. The physical control of one's body and its limbs will lead to one's control of the mind which, in turn, leads to self-control, the basis of the formation of character.

Unquestionably, the practice of this KUMITE must be based on the sense of moral responsibility and on mutual trust. Especially, since there are no rules, it could very well result in serious accidents if uncontrolled.

The fundamental problem of KARATE-DŌ is, according to the author, how to bring about, as close as possible to the target, the explosion of the lethal power of these techniques, called IKKEN HISSATSU. This would not be possible without progressing, step by step, with perseverance and tenacity, through the progression TANREN, KIHON, YAKUSOKU KUMITE.

KYŌGI KUMITE (kumite match) is governed by established contest and refereeing rules. The mental, physical and technical values of the contestants are matched in order to determine a winner. This decision is taken by a referee assisted by judges. The contestant must study, in detail, the rules, in conjunction with his usual practice. At a glance, he must be able to evaluate the psychological temperament of the judges, of the referee, as well as of his opponent.

Let us carry this concept further in KYŌGI KUMITE. Often, inefficient unorthodox or modified techniques are used instead of, and preferred to those with the fearsome power of the spirit of BUDŌ because they are more difficult to block and less liable to be penalized since they are less damaging in case of contact. Would one not go so far as to ask "what value is there in training with a MAKIWARA to develop the power of TSUKI, KERI and UCHI if touching is forbidden? Would this not be a waste of time? Would it not be better to use it differently?"

If it is true that KARATE-DŌ is not a competitive sport where only victory is sought, it is nevertheless natural that actually, because such competitions are widespread, the participants do eagerly seek victory.

All the preceeding is an example taken to an extreme but often, it is necessary to look ahead to an extreme to see the path one must take to realize one's personal goals.

It is clearly understood that the example is intended for competition-oriented participants.

JIYŪ KUMITE

Dans la pratique de JIYŪ KUMITE, il est permis aux deux combattants d'employer librement et sans préavis, leurs techniques variées d'attaques et de défenses (TSUKI, KERI, UCHI ATE et UKE avec l'esprit combatif acquis par l'entraînement quotidien.

Chacun doit s'efforcer a posséder un esprit inébranlable comme dans un champ de bataille où il est question de vie ou de mort dans un duel à l'épée nue.

Le JIYŪ KUMITE tel qu'il est pratiqué actuellement dans les compétitions ne doit pas être altéré par les réglements de la compétition. Les compétiteurs doivent exécuter leurs techniques les plus efficaces et les faire exploser juste devant le but. Ils doivent avoir le respect de la dignité d'autrui, et être dignes de ce respect. Ceci implique un sens très profond de la responsabilité et de la confiance mutuelle. C'est en surveillant le rythme respiratoire, la psychologie et le MAAI de l'adversaire que l'on possède la clef des tactiques.

Un sport de compétition vise surtout a remporter la victoire sur un adversaire.

Le KARATE-DŌ du BUDŌ vise a remporter la victoire sur soi-même, c'est à-dire la maîtrise de soi. Ceux qui sont orientés vers la compétition doivent tenir bien compte de cette différence, avant de s'y consacrer entièrement.

昭和38年第7回全日本大会準決勝
The Seventh All Japan Championship. (1963). Semi-Final.
The author, (on the left.)

SHIAI KUMITE et KYŌGI KUMITE: A vrai dire, le combat (SHIAI) proprement dit n'a pas de place dans le KARATE-DŌ qui est une voie de l'art martial. Par contre, nous avons le SHIAI KUMITE ou (kumite de combat; appellation paradoxale), qui offre aux pratiquants un terrain d'essai, pour rivaliser et mettre à l'épreuve leur valeur physique, mentale et technique librement, pour se confronter et acquérir une efficacite réelle dans un affrontement réel.

Le **SHIAI KUMITE** n'est pas régi par des règles particulières comme dans le cas de KYŌGI KUMITE. Seule la conscience des participants en est la règle. Ce doit être toujours sous le contrôle de l'esprit qu'est déployée la valeur physique, mentale et technique (SHIN-GI-TAI) mise en harmonie à travers des entraînements quotidiens. Une puissante technique transformée en vraie arme vient éclater juste devant le but à la parfaite commande de l'esprit; c'est bien une scène typique du SHIAI KUMITE du KARATE-DŌ. La maîtrise physique de notre corps et de ses membres entraînera le contrôle de notre esprit. Celle-ci entraînera à son tour la maîtrise de soi, base de la formation du caractère. La pratique de ce KUMITE doit indiscutablement être basée sur le sens de la responsabilité et la confiance mutuelle d'autant plus que, sans réglements, elle pourrait fort bien provoquer de graves accidents, si mal contrôlée. Le problème fondamental du KARATE-DŌ serait, selon l'avis de l'auteur, comment aboutir à faire exploser instantanément, au plus près du but, la puissance mortelle de ces techniques appelée IKKEN HISSATSU. Ceci ne serait possible qu'en progressant étape par étape, avec persévérance et ténacité suivant la progression: TANREN, KIHON, YAKUSOKU KUMITE.

Le **KYŌGI KUMITE** (KUMITE de compétition) se déroule dans un cadre de règles établies de compétition et d'arbitrage. Les combattants rivalisent conformément aux règles, leur valeur physique, mentale et technique, pour déterminer un vainqueur. Cette décision étant prise par un arbitre assisté de juges, le combattant devra étudier en détail ces règlements parallèlement à son entraînement habituel, et pouvoir d'un coup, juger le tempérament et la psychologie de l'arbitre et des juges aussi bien que de son adversaire.

Permettons-nous d'aller plus loin. Des techniques irrégulières ou modifiées, et inefficaces sont souvent préférées à celles qui ont une puissance redoutable, selon l'esprit du BUDŌ; car elles sont plus difficiles à bloquer et moins souvent pénalisées, puisque elles causent moins de dommages en cas de contact. N'irait-on pas jusqu'à oser dire: à quoi sert de travailler au MAKIWARA pour la puissance des TSUKI, KERI et UCHI s'il est défendu de toucher? Ne serait-ce pas une perte de temps?... Pourquoi ne pas l'utiliser autrement? S'il est vrai que le KARATE-DŌ n'est pas un sport de compétition où seule la victore est recherchée, il est cependant, naturel qu'actuellement de telles compétitions sont très populaires, et que la victoire soit recherchée avec acharnement par les participants.

Tout ce qui précéde est un exemple poussé à l'extrême, mais souvent, il faut voir très loin pour découvrir le chemin qui mène à la réalisation de nos objectifs.

Il est bien entendu, que l'exemple cité est à l'intention des participants qui s'orientent vers la compétition.

自由組手

例1
①〜②相手の上段刻突を転身と同時に刻突。

例2
①〜②相手の上段、中段連続攻撃に対し、最初の上段突は上体でかわし、中段突を押受と同時に足払。③逆突

例3
①相手の前蹴に対して足を入れ替えながら下段払。同時裏拳打。

JIYŪ KUMITE

EXAMPLE 1

①② Against JŌDAN KIZAMI ZUKI KIZAMI ZUKI with TENSHIN.

EX. 2

① ② Against successive attacks JŌDAN-CHŪDAN: dodge the first, by moving the torso. The second attack is blocked by performing, simultaneously OSAE UKE, ASHI BARAI,
③ GYAKU ZUKI.

EX. 3

① Against MAEGERI: simultaneously, bring the foot back, GEDAN BARAI and URAKEN UCHI.

EXEMPLE 1

①② JŌDAN KIZAMI ZUKI de l'adversaire. KIZAMI ZUKI avec TENSHIN.

EX. 2

①② Contre une série d'attaques successives JŌDAN-CHŪDAN: esquiver la première avec un mouvement du torse puis à la seconde exécuter en même temps, OSAE UKE, ASHI BARAI.
③ GYAKU ZUKI.

EX. 3

① Contre MAE GERI, reculer le pied, et en même temps GEDAN BA RAI et URAKEN UCHI.

自由組手

例4

①～④粕谷指導員の特意技。相手の蹴を逆下段受同時順突、さらに相手の前蹴を一歩後退しながら左逆下段受同時順突。

例5

①牽制前蹴 ②～③相手の反撃を待って下段払逆突。

※牽制は相手を誘導することが目的なので、反撃を見定めること。すなわち虚実の妙である。

JIYŪ KUMITE

EX. 4

① ② Against KERI: GYAKU GEDAN UKE and JUN ZUKI. Yield stepping back and simultaneously execute, HIDARI GEDAN UKE and JUN ZUKI.

③④ Use the same technique if attacked from the right side.

Mr. KASUYA, instructor, (on the right) executing one of his favourite techniques.

EX. 5

①MAE GERI as a feint.
②③ counter the opponent's counter-attack with GEDAN BARAI, GYAKU ZUKI.

※ Ascertain that the opponent has really began his counter. Feinting (KENSEI) consists mainly of provoking any kind of reaction. There lies the subtlety of deceit.

EX. 4

①②Contre KERI: GYAKU GEDAN UKE et JUN ZUKI. Reculer en cédant, et en même temps, HIDARI GEDAN UKE et JUN ZUKI.

③④Si l'attaque vient de la droite, exécuter la même technique.

L'instructeur (à droite), Mr. KASUYA exécutant une de ses techniques favorites.

EX. 5

① MAE GERI, de feinte.
②③ Riposter à la contre-attaque de l'adversaire avec GEDAN BARAI, GYAKU ZUKI.

※ S'assurer que l'adversaire a vraiment commencé sa contre-attaque. La feinte (KENSEI) consiste principalement à provoquer des réactions de toutes sortes. C'est là que réside la subtilité de la tromperie.

自由組手

例6
① 牽制刻突（相手に意識させるようにスピードをコントロールする）
② 中段前蹴（上段刻突に相手の意識を誘う）

例7
① 重心を前に保ちながら刻回蹴。
② 後蹴（直ちに間合を詰めて蹴る）

例8
①② 牽制中段逆突同時上段回蹴
（中段突に相手の意識を誘う）

EX. 6
① *KIZAMI ZUKI as a feint (control the speed to draw the opponent's attention).*
② *CHŪDAN MAE GERI (as the opponent is expecting JŌDAN KIZAMI ZUKI).*

EX. 7
① *KIZAMI MAWASHI GERI, always maintain the center of gravity to the front.*
② *USHIRO GERI (immediately, as you shorten the distance).*

JIYŪ KUMITE

EX. 8
①② Use GYAKU ZUKI as a feint, follow up with JŌDAN MAWASHI GERI (draw the opponent's attention to the CHŪDAN ZUKI).

EX. 6
① KIZAMI ZUKI de feinte (contrôler la vitesse pour attirer l'attention de l'adversaire).
② CHŪDAN MAE GERI (l'adversaire s'attendant à JŌDAN KIZAMI ZUKI).

EX. 7
① KIZAMI MAWASHI GERI, avec le centre de gravité toujours vers l'avant.
② USHIRO GERI (immédiatement en réduisant la distance).

EX. 8
①② CHŪDAN GYAKU ZUKI de diversion, suivi de JŌDAN MAWASHI GERI (attirer l'attention de l'adversaire sur le CHŪDAN ZUKI).

自由組手

例 9
① 〜 ② 相手の後蹴を後方にすりぬける。
③ 相手の逆突を同時後蹴。

例10
① 〜 ③ 相手の回蹴を一歩前進しながら左手で受け同時順突。
④ 相手の逆突を下段受　⑤ 上段回蹴
⑥ 残心構

JIYŪ KUMITE

EX. 9

①② Spring forward to avoid USHIRO GERI. Against GYAKU ZUKI, USHIRO GERI, at the same time.

EX. 10

①②③ MAWASHI GERI. Step forward. Blocking with the left hand and executing JUN ZUKI, at the same time.
④ Against GYAKU ZUKI, GEDAN UKE.
⑤ JODAN MAWASHI GERI.
⑥ ZANSHIN GAMAE.

EX. 9

①② S'élancer vers l'avant pour éviter le USHIRO GERI. Contre GYAKU ZUKI, USHIRO GERI, en même temps.

EX. 10

①②③ MAWASHI GERI.
Avancer en bloquant de la main gauche et en exécutant en même temps, JUN ZUKI
④ Contre GYAKU ZUKI. GEDAN UKE.
⑤ JŌDAN MAWASHI GERI.
⑥ ZANSHIN GAMAE.

自由組手

例11
① 下段旋風払（相手の膝裏を払う）
② 中段裏逆突

例12
①～② 三日月払　③ 後回蹴
※相手の構手を、体勢がくずれるほど強くシャープに払い、止まることなく竜巻の如く後回蹴に入る。

JIYŪ KUMITE

EX. 11

① *GEDAN SENPŪ BARAI* (used against the back of the opponent's knee).
② *CHŪDAN URA GYAKU ZUKI.*

EX. 11

① *GEDAN SENPŪ BARAI* (appliqué derrière le genou de l'adversaire).
② *CHŪDAN URA GYAKU ZUKI.*

EX. 12

① ② *MIKAZUKI BARAI.*
③ *USHIRO MAWASHI GERI.*
※ Sweep forcefully the opponent's guard to unbalance him. For the KERI, move in immediately, as a whirlwind.

EX. 12

① ② *MIKAZUKI BARAI.*
③ *USHIRO MAWASHI GERI.*
※ Balayer avec vigueur la garde de l'adversaire pour lui faire perdre l'équilibre. Pour le KERI entrer immédiatement, comme un tourbillon.

自由組手

例13
①牽制足払→同時牽制開手構
②上段順突　③中段逆突

例14
①刻足払（重心を前に保持したまま払う）
②同時逆突（相手の重心を引き寄せる）

例15
1―A～①裏カカト払→同時裏拳打

EX. 13
① At the same time, use as a feint ASHI BARAI and KAISHU GAMAE.
② JŌDAN JUN ZUKI, ③CHŪDAN GYAKU ZUKI.

EX. 14
① KIZAMI ASHI BARAI (always maintaining the center of gravity to the front)
② Simultaneously GYAKU ZUKI (bring the opponent's center of gravity towards you)

EX. 15
1-A ～ ① At the same time URA KAKATO BARAI, -URAKEN UCHI.

JIYŪ KUMITE

EX. 13

① Exécuter en même temps une feinte : ASHI BARAI et KAISHU GAMAE. ② JŌDAN JUN ZUKI, ③ CHŪDAN GYAKU ZUKI.

EX. 14

① KIZAMI ASHI BARAI (en gardant le centre de gravité vers l'avant).

② GYAKU ZUKI simultané (en attirant vers soi le centre de gravité de l'adversaire).

EX. 15

1-A~① URA KAKATO BARAI, URAKEN UCHI, en même temps.

自由組手

例16
①刻突　②逆突　③刻足払　④逆突
※例16　刻突で上段を、逆突で中段を連続的に決める。さらに足払で相手を倒し、またはくずして攻撃する。

例17
①左前足すり足　②〜③回追突

JIYŪ KUMITE

EX. 16
① *KIZAMI ZUKI*
② *GYAKU ZUKI*
③ *KIZAMI ASHI BARAI*
④ *GYAKU ZUKI*
※ Attacking successively JŌDAN (KIZAMI ZUKI) CHŪDAN (GYAKU ZUKI). Continue with ASHI BARAI either to upset the balance or throw the opponent.

EX. 17
① Sliding the front foot (left) ...
② ~ ③ *MAWASHI OI ZUKI*

EX. 16
① *KIZAMI ZUKI*
② *GYAKU ZUKI*
③ *KIZAMI ASHI BARAI*
④ *GYAKU ZUKI*
※ Il s'agit d'une suite d'attaques successives JŌDAN (KIZAMI ZUKI) — CHŪDAN (GYAKU ZUKI). Continuer avec ASHI BARAI, dans le but de déséquilibrer ou de projeter l'adversaire.

EX. 17
① Glissant le pied avant (gauche)...
② ~ ③ *MAWASHI OI ZUKI*

173

自由組手

※例17 ストレートの追突攻撃は、出合のカウンターをねらわれる危険がある。その場合、写真①〜③のように前足（左）を、相手の外側にすり出し、体ごと回りこんで回突、この時に相手の構手を、左手で押えながら飛び込む。

JIYŪ KUMITE

※OI ZUKI in a straight line is always vulnerable against a counter-attack of DEAI(encounter).

In this case, dart forth from the outside to execute MAWASHI ZUKI by sliding firstly the front foot (left) to the outside of the opponent (picture ①). Use the left hand to deflect the opponent's guard.

※ la technique OI ZUKI en ligne droite est toujours vulnérable à une contre-attaque de DEAI (de rencontre).
Dans ce cas, s'élancer de l'extérieur pour exécuter MAWASHI ZUKI, en glissant d'abord le pied avant (gauche) à l'extérieur de l'adversaire (photo ①), la main gauche sert á dévier la garde de l'adversaire.

例18 ⟶

例18

① 中段蹴　② 回蹴

※回蹴を目的とする場合には、前蹴の時に次の回蹴が速く繰り出せるように、内回蹴ぎみの重心と腰の運用で、①の中段蹴を繰り出す。

　連続攻撃は、相手が最初の攻撃によりくずれた体勢を立ち直らせる前に、次の攻撃に入ることが重要。

EX. 18

① CHŪDAN GERI
② MAWASHI GERI

※ If we are determined to use MAWASHI GERI, the preceeding MAE GERI is executed by using the hips with the same feeling as UCHI MAWASHI GERI (inside MAWASHI GERI) allowing a faster MAWASHI GERI.

　To be successful in successive attacks, the second attack in the sequence must be executed before the opponent reacts to the first one.

EX. 18

① CHŪDAN GERI
② MAWASHI GERI

※ Si on décide d'attaquer avec MAWASHI GERI, le MAE GERI qui précéde est exécuté en utilisant les hanches d'une façon analogue au UCHI MAWASHI GERI. (MAWASHI GERI interne) pour permettre un passage plus rapide au MAWASHI GERI.

Pour réussir des attaques successives, il faut que la deuxième attaque soit exécutée avant que l'adversaire n'ait le temps de réagir à la premiére.

自由組手

例19
①相手の構腕を外側より三日月払。
②〜③相手の体勢のくずれに乗じ、連続して上段後回。

例20
①〜②中段回蹴　③外側より上段回突、重心は相手に乗せる気持が必要。

JIYŪ KUMITE

EX. 19

① *MIKAZUKI BARAI. Deflect from the outside the apponent's guard.*

②③ *Taking advantage of the opponent's inbalance, JŌDAN USHIRO MAWASHI GERI.*

EX. 20

①② *CHŪDAN MAWASHI GERI*
③ *JŌDAN MAWASHI ZUKI.*
From the outside, with the feeling that the center of gravity is leaning towards the opponent.

EX. 19

① *MIKAZUKI BARAI. Dévier la garde de l'adversaire de l'extérieur.*

②③ *JŌDAN USHIRO MAWASHI GERI en profitant du déséquilibre de l'adversaire.*

EX. 20

①② *CHŪDAN MAWASHI GERI*
③ *JŌDAN MAWASHI ZUKI. De l'extérieur, avec la sensation que le centre de gravité se penche vers l'adversaire.*

177

自由組手

例21
①〜②相手の足払に対して、前足を足払の方向に踏み込むと同時に逆突。③〜④直ちに左縦手刀にて相手を突き放しながら、引手と同時に前足(左)を引き寄せる。

例22
①〜③例21と同様の足払攻撃を、波足にてかわしながら、左底掌にて相手の出ばなを押えて逆裏突。
④〜⑤直ちにかわした足にて足払逆突。
⑥引手構

EX. 21

①② Against ASHI BARAI: Stepping forward to the left with the front foot, GYAKU ZUKI.

③④ Thrust the opponent away with HIDARI TATE SHUTŌ simultaneously withdrawing the fist and the front foot (left)

EX. 22

①②③ With NAMI ASHI, use ASHI BARAI the same way as in example 21 GYAKU URA ZUKI maintaining HIDARI TEISHŌ to stop the opponent.

④⑤ ASHI BARAI with the same foot used for NAMI ASHI, then GYAKU ZUKI.

EX. 21

① ② Contre ASHI BARAI. GYAKU ZUKI en avançant le pied avant vers la gauche.

③ ④ Repousser l'adversaire avec HIDARI TATE SHUTŌ, en ramenant simultanément le poing et le pied avant (gauche).

EX. 22

①②③ Avec NAMI ASHI, exécuter ASHI BARAI comme dans l'exemple 21, en GYAKU URA ZUKI et en arrêtant l'adversaire avec HIDARI TEISHŌ.

④⑤ ASHI BARAI avec le même pied qui exécute NAMI ASHI, puis GYAKU ZUKI.

自由組手

例23

①〜②一歩前進と共に相手の構手を左手で払う。払手は相手が攻撃技か何か判断に迷うような運びをする。
③〜④連続して後蹴。

例24

①〜②相手の構手を三日月払
③〜④流動して横蹴込
⑤連続して逆突
⑥残心構（突き放す）

JIYŪ KUMITE

EX. 23
①② Step forward with the rear foot, sweep the opponent's guard with the left hand, giving him the impression of an attack.
③④ Follow-up with USHIRO GERI.

EX. 24
① ② MIKAZUKI BARAI.
Bring down the opponent's guard.
③④ Immediately, YOKO KEKOMI.
⑤ Followed by GYAKU ZUKI.
⑥ ZANSHIN GAMAE thrust away.

EX. 23
①② Avancer avec le pied arrière et, balayer la garde de l'adversaire avec la main gauche, en lui donnant l'impression de l'attaquer.
③④ Enchaîner avec USHIRO GERI.

EX. 24
①② MIKAZUKI BARAI, abattre la garde de l'adversaire.
③ ④ YOKO KEKOMI ⑤ Enchainer avec GYAKU ZUKI.
⑥ ZANSHIN GAMAE, repousser.

自由組手

例25

①〜②相手の膝内側を、背足にて刻足払、相手の体勢のくずれに乗じ、③〜④後蹴。

例26

①相手の膝裏を背足にて足払

２−Ａ〜②横猿臂（肘打）、（もし相手が足払でくずれた場合は、そのまま連続して逆突。）

３−Ａ〜③直ちに足払て倒し逆突

④残心構

JIYŪ KUMITE

EX. 25

①② KIZAMI ASHI BARAI: sweep with HAISOKU (instep) the inner side of the knee.

③④ Taking advantage of the opponent's inbalance, USHIRO GERI.

EX. 26

①ASHI BARAI: sweep with HAISOKU (instep), the back of the knee.

②③ YOKO ENPI (HIJI-UCHI). If the opponent is thrown, follow- up immediately with GYAKU ZUKI. Otherwise, execute another ASHI BARAI and GYAKU ZUKI.

EX. 25

①② KIZAMI ASHI BARAI balayer avec HAISOKU (cou-de-pied) le côté interne du genou.

③④ USHIRO GERI en profitant du déséquilibre de l'adversaire.

EX. 26

① ASHI BARAI balayer avec HAISOKU (cou-de pied) derrière le genou.

②③ YOKO ENPI (HIJI- UCHI). Si l'adversaire est projeté, enchaîner directememt avec GYAKU ZUKI. Sinon, exécuter un autre ASHI BARAI suivi de GYAKU ZUKI.

①

自由組手

例27
① ~ ② 相手の構手を内回足刀払
③ 流動して前蹴
④ 蹴足着地と同時に刻突
⑤ 突手の引きと同時に、縦手刀にて相手を突き放す。
⑥ 引手構

※足刀払て相手がひるんだり、体勢をくずした隙を蹴る。または相手がすかさず反撃に転じたところを蹴る。

第7回J.K.A全日本選手権大会準決勝。向って右側が著者
The Seventh J.K.A. All Japan Karate Championship Semi-Final.
(Author, on the right)

JIYŪ KUMITE

EX. 27

① ② *UCHI MAWASHI SOKUTŌ BARAI to deflect the opponent's guard*
③ *quickly MAE GERI*
④ *KIZAMI ZUKI: at the same time as the foot touches the floor.*
⑤ *Simultaneously, withdraw the fist as you thrust away the opponent with TATE SHUTŌ. Execute the KERI, instantaneously, the moment the opponent is either, hesitant or, when he starts his counter.*

EX. 27

① ② *UCHI MAWASHI SOKUTŌ BARAI pour abattre la garde de l'adversaire.*
③ *MAE GERI, rapidement.*
④ *KIZAMI ZUKI au moment où le pied revient au sol.*
⑤ *Simultanément, ramener le poing et repousser l'adversaire avec TATE SHUTŌ.*
Pour l'exécution du KERI, profiter de l'instant où l'adversaire est hésitant ou au début de sa riposte.

標的練習

〈練習の目的〉通称ターゲット・トレーニングと呼びます。これは目標に対する突き、蹴打の命中率と、決めの強度を高めるための練習方法で、現代の寸止め競技を行なっている空手道人にとっては、特に重要です。

最近の組手競技大会を見て感じることは、間合が不十分とか、拳足が目標より外れて流れたり、決めが弱かったり、当たっている等で、せっかくの思い切りくり出した攻撃技が、無駄に終わるケースが多いように見受けられます。ことによると、野球でヒットの出る確率より、空手の正確な攻撃技が決まる率は、低いのではないでしょうか。

空手道の組手競技は元来、護身術という格闘技より発展したものですから、「突」「蹴」「打」の技は、武器のような威力を発揮できるよう鍛錬し、鍛えあげた拳足を思う存分に振り回し、心の命ずるままに目標寸前でピシャリと決めることができてこそ、空手の組手競技といえると思います。

「突」「蹴」「打」の威力は、"巻ワラ""サンドバッグ"等によって、いくらでも鍛えあげることができますが、予想外に動き回る相手に対しては、せっかく鍛えあげた威力ある技であっても、十分に効果を発揮できません。そこで相手の動きを正確に見きわめて、連続的に無駄なく連結しあった攻撃技を繰り出し、目標寸前で瞬間的に爆発させる練習方法が必要になります。この目的を達成させるために、標的練習法が構成されたものです。

本書では、帯を使用していますが、理想的なものとしては、自転車のチューブに小豆か大豆、または米を詰めこんだものを使って練習すれば、より一層効果的といえます。チューブに前記のものを詰めた場合は、突いたり、蹴ったり、打った場合の衝撃や感触の度合が、実戦的フィーリングに近いからです。

〈技法と用法〉「突」「蹴」「打」は、帯またはチューブの目標を、10センチ深く決めこむことが原則です。それは二つの主な理由によります。

第一に、寸止め競技は、寸前で止める習慣に運動神経や機能が慣らされ、とかく実際（戦）に打ち合った場合に、相手の体内に衝撃力を打ちこむことができないおそれがあります。競技力は即実戦力にイコールしなければ、空手とはいえないと思うからです。

第二に、実際に目標に拳を打ちこむ訓練をして、当てる実感を体得してこそ、対象的な寸止め、即ち止めることの重大性を納得した上での、コントロールができると思います。当たれば必殺の威力ある拳足を寸前で止められてこそ、本物の決めのコントロールといえるでしょう。

私は楊名時老師より太極拳を学び、師範の資格を与えられていますが、これは、空手とは対照的な太極拳を学ぶことにより、己れの空手がよく見つめられ、より一層の上達が得られると思ったからで、実際に効果は大でした。対象神経、対象機能、対象感覚の開発となります。

　技法としては、帯またはチューブを持つものは、№1、№2の場合、最初の蹴り攻撃の後、直ちに保持手（標的）を35センチ前後移動します。№3、№4の場合は、そのまま定置します。

　攻撃者は、標的となる帯またはチューブが、ビューンと音を発して一回転するほどのスピードをもって、「突」「蹴」「打」を10センチ程、決めこみます。最初の攻撃後、直ちに次の標的の位置（移動先）を確認すると同時に、連続的に二度目の攻撃を繰り出し、再び標的に決めこみます。

　連結動作（連続動作）の時の重心の移動とバランスの取り方は、臍下丹田を発起点とします。

　空手（完全操作）の主役となるのは丹田であり、腰はそれを忠実に助けて、十分の効果を上げます。腰の運動には必ず丹田の力が伴ない、丹田の力が伴なえば、気力が伝わることを忘れてはなりません。

HYŌTEKI (TARGET)

AIMS: This training devised to increase the precision and power of KIME (decisive technique) in TSUKI, KERI, UCHI is highly recommended to the practionners preparing themselves for today's "No contact" (SUNDOME) competitions.

Actually, it is regrettable to notice that in KUMITE competitions many attempts made with very powerful attacks seem to fail for various reasons: MAAI, unsuccessful techniques, techniques off target, insufficient KIME, lack of control, etc...

Would the batter in baseball have more chances to succeed than a KARATEKA...?

Kumite in KARATE-DO, having its origin from the arts of self defence requires that its techniques of TSUKI, UCHI and KERI be turned into and upkept as real weapons, able to stop with maximum power and precision under the perfect control of the mind, just before contact with the target.

The first step will be achieved by training with an equipment such as the MAKIWARA and the sandbag. Nevertheless, this is not sufficient and the results are often disappointing with a real opponent constantly and unexpectingly moving. Furthermore, we must train to observe carefully the opponent's movements to combine successively, and with efficiency, the attacks to make them explode just in front of the target. This is where the training with a target applies.

Although the example in the book is given with a belt, the ideal would be the inner tube of a bicycle filled with beans, soja or rice because the feeling of impact and contact is more realistic.

METHOD · TECHNIQUES: Generally, each execution of TSUKI, KERI or UCHI should go beyond the target approximately 10 cms for two main reasons.

Firstly, to avoid running the risk in a real encounter, of being unable to advance the impetus through the body of an opponent, the nervous system and the different motor functions being accustomed to the "No contact" (SUNDOME) practice. We are referring to a KARATE in which the efficiency in competition is valid in a real encounter. In fact the real controlled KIME should give a true impression of the destructive power and even the lethal power of the technique.

Secondly, it is paradoxical that, after through training what the real feeling of "giving a blow" is, that we realize the importance of the control or SUNDOME.

Personally the author, who was taught and received the title of teacher in TAI-CHI from master MEIJI YŌ hoped that the experience would give him a better understanding and noticeable improvements in his KARATE which has many characteristics opposite to TAI-CHI. The results were very positive. It has to do with nerves, functions and feelings that are opposite or complementary.

EXECUTION: The partner holding the target will move it approximately 40 cms immediately after the first attack of KERI as in the examples N°. 1-2 but will not move the target for the examples N°. 3-4.

The attack (TSUKI, KERI, UCHI) must go through the target approximately 10cms and be executed at such speed that it should spin a complete turn with a hiss. The first attack completed, the attacker locating the new position of the target follows through with his second attack in the same manner.

During the whole movement (two successive attacks) moving of the center of gravity and maintaining the balance is done with the TANDEN.

HYŌTEKI (CIBLE)

BUT: Cet un entraînement conçu pour augmenter la précision et la puissance du KIME (technique décisive) des TSUKI, KERI, UCHI. Il est fortement recommandé aux pratiquants se préparant aux compétitions actuelles "sans contact" (SUNDOME).

De nos jours, il est regrettable de constater dans les compétitions de KUMITE, que bien des tentatives d'attaques très puissantes sont malheureusement vouées à l'échec pour des raisons variées: MAAI, coup manqué ou qui dépasse le but, manque de KIME ou de contrôle, etc...

Un batteur de baseball aurait-il plus de chances de réussir qu'un KARATEKA?

Le KUMITE en KARATE-DO, étant issu à l'origine des arts de l'auto-défense, exige que les techniques de TSUKI, KERI et UCHI soient transformées et entretenues comme des vraies armes, qui à la parfaite commande de l'esprit peuvent s'arrêter avec vigueur et précision immédiatement avant le contact avec le but.

La première étape sera réalisée à l'entraînement avec l'emploi d'accessoires tels que le MAKIWARA et le sac de sable. Cependant, ceci n'est pas suffisant, et souvent, les résultats sont décevants avec un vrai adversaire qui se déplace constamment et de façon imprévisible. Par surcroît, il faudra s'entraîner à examiner minutieusement les mouvements de l'adversaire pour enchaîner les attaques successivement et avec efficacité en les faisant exploser instantanément près du but. C'est ici qu'intervient l'entraînement avec une cible.

Bien que dans le texte l'exemple soit donné avec une ceinture, l'idéal, serait la chambre à air d'un pneu de bicyclette remplie d'haricots, de soja ou de riz, car elle donne une sensation de choc et de contact beaucoup plus réaliste.

MÉTHODE · TECHNIQUES: En général, chaque exécution de TSUKI, KERI ou UCHI doit traverser la cible de 10 cms environ, pour deux raisons principales.

Premièrement: pour éviter le risque dans un affrontement réel, de ne pas pouvoir transmettre l'impulsion à travers le corps d'un adversaire, le système nerveux et les différentes fonctions motrices étant habituées à la pratique "sans contact" (SUNDOME). Nous faisons allusion à un KARATE dans lequel l'efficacite en compétition est valable dans une confrontation réelle. En fait, le vrai KIME contrôlé doit donner une impression réelle du potentiel destructif et même mortel de la technique.

Deuxièmement, c'est paradoxalement après s'être rendu à l'évidence avec cet entraînement et après avoir éprouvé la sensation de ce que signifie vraiment "donner un coup" que nous reconnaîtrons l'importance du contrôle ou SUNDOME.

Personnellement, l'auteur qui avait reçu l'enseignement et le titre de professeur de TAI-CHI du maître MEIJI YŌ, souhaitait que cette expérience lui apportât une meilleure compréhension et des améliorations sensibles dans son KARATE qui a bien des caractéristiques opposées à celles du TAI-CHI. Les résultats furent concluants. C'est relatif aux nerfs, aux fonctions et aux sensations qui sont opposées ou complémentaires.

EXECUTION: le partenaire tenant la cible la déplacera de 40 cms environ, immédiatement après la première attaque de KERI dans les exemples N° 1-2. La cible n'est pas déplacée dans les exemples N° 3-4.

L'attaque (TSUKI, KERI, UCHI) doit traverser la cible de 10 cms environ et être exécutée tellement vite qu'elle devra faire un tour complet avec un sifflement. La première attaque aussitôt terminée, l'attaquant repérant la nouvelle position de la cible enchaîne sa deuxième attaque de la même manière.

Pendant tout le mouvement (deux attaques successives), le déplacement du centre de gravité et le maintien de l'équilibre se fait avec le TANDEN.

標的練習

No.1
①構え　②中段前蹴
3-A〜③上段順突　④残心構

No.2
①構え　②横蹴込
③上段裏拳打　④引手構

　突、蹴、打は目標物の10センチ奥まで打ちこんで決める。また目標物保持者は蹴の後、直ちに目標物を移動する。攻撃者はそれを追って突または打で決める。

HYŌTEKI

TARGET

No. 1
① KAMAE
② CHŪDAN MAE GERI
3-A ~③ JŌDAN OI ZUKI
④ ZANSHIN GAMAE

※ Each technique of TSUKI, UCHI and KERI must go approximately 10cms through the target, with KIME.

Immediately after the KERI, the partner will move the target so that the attacker may follow through with his TSUKI or UCHI.

CIBLE

No. 2
① KAMAE
② YOKO KEKOMI
③ JŌDAN URAKEN UCHI
④ HIKITE GAMAE

※ Chaque technique de TSUKI, UCHI et KERI doit traverser avec KIME la cible de 10cms environ.

Immédiatement après le KERI, le partenaire déplacera la cible de sorte que l'attaquant, puisse enchaîner son TSUKI ou UCHI.

標的練習

No.3
①中段または上段回蹴(中段の場合は上足底－虎址－、上段の場合は上背足－背足、上足底－)と変化して蹴ることは必要。
2－A 平手払(目標物の保持腕を払う)
②中段逆突　③残心構

No.4
①中段逆突（摺足にて前進）
2－A～②前足を摺足の分だけ引き戻し、後ろ半身に構えると同時に後蹴、蹴足は蹴ったコースを引き戻す。
③残心構

2—A

HYŌTEKI
TARGET   CIBLE

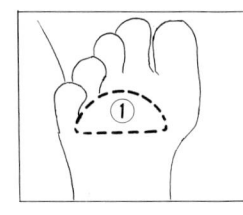

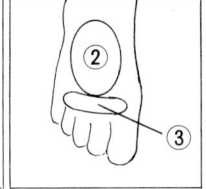

① JŌSOKUTEI (KOSHI)
② HAISOKU
③ JŌ HAISOKU

No.3
① CHŪDAN
   JŌDAN   MAWASHI GERI

2-A HIRATE BARAI
Sweep the hand holding the target.
Balayer la main tenant la cible.
② CHŪDAN GYAKU ZUKI
③ ZANSHIN GAMAE

No.4
① CHŪDAN GYAKU ZUKI
Slide forward.
2-A~② Assume the position USHIRO HANMI (turning the hips to the rear at 45°) by bringing the front foot back to the original position. USHIRO GERI. To bring back the KERI, reverse the movement.
③ ZANSHIN GAMAE

No.4
① CHŪDAN GYAKU ZUKI (avancer en glissant)
2-A~② Se mettre en position USHIRO HANMI (hanches tournées vers l'arrière à 45°), en ramenant au point initial le pied avant. USHIRO GERI. Pour ramener le KERI, exécuter le mouvement inverse.
③ ZANSHIN GAMAE

思い出に残る勝負

　私はこれまで、多くの試合を経験してきましたが、その中でとくに思い出に残るものをあげろといわれると、次の二つになりそうです。このほかにも数々ありますが、世評も高く、私の記憶に強く残っているものなので、ご紹介しておこうと思います。

対津山克典戦 （昭和32年）

　昭和32年第1回全国大会が東京都体育館で開かれることになりました。私も勇躍大会に臨むべく練習に励んでいたのですが、大会開催5日前に、とんだ事故を起こしてしまいました。

　その日、私は母校の拓大で10人がかりの稽古をしていたとき、右腕を骨折してしまったのです。瞬間〝しまった〟と、痛さより無念の気持が一杯で、まことに暗たんたる思いにおちいりました。

　もちろんドクターストップもかかり、出場をあきらめるか、と一時は観念しました。試合観戦のため上京していた母が、そんな様子をじっと見ていて、私にこういいました。「弘和、空手は右手だけですか。右手一本なくとも、足があるでしょう」と。〝そうだ！〟私はその一言で迷いがふっ切れました。

　津山二段（当時）は、私と同じ拓大で、関東学生界の三羽烏とうたわれ、とくにその上段回蹴の威力は、必殺技としておそれられていました。

　大会がはじまり、予想通り津山二段は決勝へ。私も気力を振り絞って決勝へ進出しました。下馬評にあがらなかった私が勝ち進んだので、来場の方も驚いていたようです。

　いよいよ決勝戦の開始！津山二段は果たせるかな得意の上段回蹴の連発で攻め立てる、私は左腕一つで必死に防いでいましたが、〝このままでは勝てない、身を捨ててこそ浮かぶ瀬もある〟と覚悟を決め、〝足も使える〟という母の言葉が脳裡をかすめた瞬間、支え足が相手の懐に入り込み、そしてその蹴足を引き戻すと同時に、続けて逆足で連続回蹴の攻撃を行ないました。

　私の捨て身のふみ込みでバランスを失していた津山二段は、予想しなかった連続回蹴の攻撃を受けてかわしきれず、私の技が決まりました。再会と同時に再び前回同様の技をもって二本目を勝ち得たことは、まことに幸運であったと思います。

　私の不注意から招いたピンチを切り抜けての優勝だけに、母の言葉とともに忘れ得ぬ一戦となりました。

対三上孝之戦 (昭和33年)

　昭和32年の第1回大会は、前記のように私が優勝しましたが、昭和33年の第2回大会では、共に研修生としてお互いを知りつくしている三上君と、決勝を争うことになりました。

　三上君は、法政大学出身でその技の鋭さは在学中から定評がありました。容易ならぬ相手です。

　決勝は5分3本勝負、私は試合開始と同時にじっと相手をにらみ、スキをねらうが、容易に仕掛けることができない、三上君も同じ思いのようで、互いに見つめあったまま、2、3分は経過したと思う頃、主審に二人は呼ばれ、ファイトを促されました。しかし、遂に制限時間がくるまで、二人とも一つの技も仕掛けられずに終わってしまいました。

　こうした経過だと、ふつうは観衆の方がいらだって、場内がざわつくものですが、このときはほとばしる緊迫感に押されたのか、シーンとしていたのが強く印象に残っています。かくして延長戦へ。

　私はここで一気に勝負を決めるべく、回蹴を放つと見事に決まって技ありとなりました。しかし、そこでホッとしたのでしょうか、わずかのスキを突かれて三上君に中段追突をきれいに決められてしまいました。これで再度の延長戦となりました。

　ここでは互いに技を繰り出しましたが、共によく防いで決着つかず、遂に3回目の延長戦へ。私も三上君も文字通り死力をつくして闘いましたが、一進一退、とうとうここでも勝負はつきませんでした。

　結局、私と三上君二人の優勝という大会史上例のない形となり、場内をわかせました。

　後でこの試合を観戦していた空手映画撮影中の某監督が、「二人がじっとにらみあっていたあの緊迫感、これが真の空手の姿だ」と感動していたと聞きました。

　強く心に残っている一戦です。

MEMORIES: memorable encounters

These are the stories of two encounters, from among many others, engraved in the author's memory. They were somewhat sensational at the time.

Encounter with Katsunori Tsuyama (1957)

The memorable First National Championship was held in 1957, in a room at the Tokyo Metropolitan Gymnasium.

While training diligently for the competition, I was the victim of an accident. Five days before the event I had my arm broken in a 'pool-of-ten' exercise while training in the DŌJŌ of my old university (Takushoku). What a misfortune! I felt more sorrow than pain and, advised against competing by the doctor, I was terribly upset by the prospect of having to withdraw. My mother had come to watch the competition and her words allowed me to cast off self-pity. "Does your KARATE only involve your hand?" she asked her anguished son. "Surely not!"

The audience was greatly surprised to see me reach the final match of the competition but did expect to see Tsuyama (then a 2nd Dan), a student at my old university, and considered one of the three musketeers of the university KARATE world. He was a JŌDAN MAWASHI GERI specialist and it was reputed that it could not be blocked by anyone.

From the start of the fight, he delivered an avalanche of these famous JŌDAN MAWASHI GERI with great determination. I defended myself with only my left arm and managed to survive, albeit painfully. At the last moment, I decided to 'plunge into the water'. "With your feet" did she not say? It was like a bolt of lightning. Stepping forward, I threw myself between the arms of my opponent, delivered CHŪDAN MAWASHI GERI, and then, as soon as my foot touched the floor, followed up with JŌDAN MAWASHI GERI with the other leg.

Surprised and unbalanced by my desperate assault, my opponent could not escape the attack of two successive MAWASHI GERI. It gave me a point and was not just a stroke of luck as, when we started again, a similar attack brought me a second point.

This victory, together with the words of my mother, remains engraved in my memory as it was obtained despite great difficulties caused by my own negligence.

Encounter with Takayuki Mikami (1958)

This time, the Second National Championship was disputed between my dōjō mate Mikami and myself, champion of the previous year. We were both trainees at the J.K.A. at the time. He was noted for his sharp techniques ever since his student days at Hōsei University.

Three points had to be scored in five minutes for a clear win. From the beginning, we did not move-vigilant, facing each other, waiting in vain for the proper moment, our eyes glued to one another. The time passed...two minutes, three minutes... At this point, the referee intervened, asking for action, but the entire five minutes passed without any attempts.

On such occasions the crowd usually gets impatient and restless but such was not the case this time. Unbelievable silence reigned as though the public was immersed in the emotions emanating from us both.

In the first extension, I took the initiative, my MAWASHI GERI earning a WAZA-ARI. This brought me only a very brief moment of relief as Mikami recovered a WAZA-ARI almost immediately with a CHŪDAN OI ZUKI. Thus, the first extension ended without winner or loser. The same was true of the second extension where there was a relentless exchange. Finally, the third extension still did not yield a decision even though our fierce determination to win at any cost never subsided.

Ultimately, the victory was awarded to us both which, to this day, is a unique event in the history of the championships. The audience was intoxicated.

The scene, I learnt later, deeply moved a karate film maker who happened to be in the audience. "What an encounter!" he exclaimed. "What tension! This is real KARATE!"

This encounter will remain in my memory for a long time to come.

SOUVENIRS: rencontres mémorabies

Voici les histoires de deux rencontres, entre autres gravées dans la mémoire de l'auteur, et qui faisaient quelque peu sensation à l'époque,

Rencontre avec Katsunori Tsuyama (1957)

Le mémorable Premier Championnat National eut lieu en 1957 dans une salle du Gymnase Métropolitain de Tokyo.

Il m'arriva un accident imprévu alors que je m'entrainais assidûment en vue de la compétition. Hélas, cinq jours auparavant, j'eus le bras droit cassé au cours dún entraînement par poule de dix qui avait eu lieu dans le DŌJŌ de mon ancienne université(de Takushoku). Quel malheur! pensai-je instantanément, j'avais plus de chagrin que de douleur, déconseillé par le médecin, je tremblai à l'idée d'être obligé d'abandonner la participation. Mais ce furent les paroles de ma mère qui était venue assister à la compétition, qui m'ont décidé de rejeter la moindre résignation."Ton KARATE se fait-il seulement avec un bras? dit-elle à son fils angoissé. "Mais non!"

Ce fut une grande surprise pour l'audience de me voir parvenir en finale de la compétition, par-contre, tout le monde s'attendait à la présence de Tsuyama (2° Dan à l'époque).un étudiant dè mon ancienne université, qui était considéré parmi un des trois mousquetaires du monde universitaire du KARATE. Spécialiste d'un JŌDAN MAWASHI GERI, il avait acquis la réputation que personne ne pouvait le bloquer.

En effet, dès le début du combat, il m'envoie avec acharnement une avalanche de ces fameux JŌDAN MAWASHI GERI. Moi, je me défends uniquement avec mon bras gauche et résistait péniblement. Au dernier moment, l'idée me vient de me jeter à l'eau. "Avec tes pieds", n'a t-elle pas dit? Ce fut comme un coup de foudre. D'un bond je me jette entre les bras de mon adversaire, lui envoie un de ces CHŪDAN MAWASHI GERI et le pied aussitôt revenu au sol, j'enchaine avec JŌDAN MAWASHI GERI de l'autre jambe.

Surpris et déséquilibré par cet assaut à corps perdu, l'adversaire ne put échapper à l'attaque de deux MAWASHI GERI successifs, ce qui me fit gagner un point. Ce fut sans doute un coup de chance, car dès la reprise, je récidivai avec une attaque similaire qui me rapporta un deuxième point.

Cette victoire ainsi que les paroles de ma mère restent gravées dans ma mémoire, d'autant plus qu'elle a été obtenue en dépit des difficultés causées par ma propre négligence.

Rencontre avec Takayuki Mikami (1958)

Cette fois- ci, le Deuxième Championnat National se disputa entre mon camarade de dōjō Mikami et moi, champion de l'annéc précédente. En effet, nous étions à l'époque tous les deux stagiaires à la J.K.A. Il était renommé par ses techniques tranchantes, depuis qu'il était étudiant à l'université de Hōsei.

Il fallait marquer trois points en cinq minutes pour remporter une victoire incontestée Dés le début, face à face, immobiles, vigilants, nos yeux hagards ne se quittaient pas. guettant en vain le moment propice. Le temps s'écoula······ deux minutes, trois minutes······. C'est alors que l'arbitre intervint pour nous rappeler à l'action. Mais les cinq minutes fatidiques se sont écoulées sans aucune tentative.

D'habitude, dans de telles situations, la foule s'impatiente et s'agite. Pourtant, ce n'était pas la cas. Il régnait un silence incroyable comme si le public était submergé par les émotions émanant de nous deux.

La première prolongation. C'est moi qui prends l'initiative, avec mon MAWASHI GERI. J'obtiens un WAZA- ARI. Ce fut un moment de soulagement très bref, dommage, car aussitôt, c'est le tour de Mikami, qui réussit un CHUDAN OI ZUKI et récupére un WAZA-ARI. Ainsi la première prolongation se termina sans vainqueur ni vaincu. Ce fut également le cas de la deuxième malgré un échange acharné. Enfin même la troisiéme ne fut pas décisive, malgré que notre détermination farouche de vaincre à tout prix n'avait jamais cédé en aucun moment.

Finalement, la victoire fut partagée, ce qui demeure un fait unique dans l'histoire des championnats, Toute la salle en était enivrée.

La scène émut profondément, je l'ai appris plus tard, un cinéaste de films de karate qui se trouvait par hasard parmi les spectateurs."Quel affrontement!"prononca-t-il."Quelle tension!" "Ça, c'est du vrai KARATE!"

Cette rencontre restera longtemps gravée dans ma mémoire.

第1回全国大会決勝戦 The First All Japan Championship. (1957). Final Match.

第二回全国大会、三上氏と。
The Second All Japan Championship.(1958). with Mr. Mikami.

国際松涛館空手審査課題

(1) 基 本

九・八級	前屈立、下段払から→ 中段順突. 中段逆突. 上段揚受. 中段外受.
七・六級	前屈立、下段払から 中段順突. 中段逆突. 上段揚受、逆突. 中段外受、逆突. 中段内受、逆突.
五・四級	前屈立、下段払から → → ← ← (上段・中段・中段) (中段・上段・中段) ※2 (順突) 三本突. (逆突) 三本突. 揚受、逆突. 外受、猿ぴ裏拳.
三 級	前屈立、下段払から → → ← ← 中段順突. 中段逆突. 上段揚受. 中段外受. 中段内受.
二・一級	前屈立、下段払から→ → → ※4 ※4 ※5 前蹴、順突. 回蹴、逆突. 逆突、前蹴、順突、下段払.
初 段	前屈立、下段払から → → ← (上段・中段・中段) (中段・上段・中段) (順突) 三本突. (逆突) 三本突. 揚受、下段 前屈立、下段払から → ← ※8 (足を換える) ※9 (足を換える) 前蹴→回蹴、逆突. 前蹴→横蹴込、逆突.
弐 段	自由な構から ← ← ← (足をおろ (退りな (蹴り足をお (擦り足)(後足で)しながら) がら) ろしながら) 不動立、 刻突→前蹴 順突. 揚受. 回蹴→裏拳→順突. 順突.
参 段	(正面で)(不動立、前屈立、不動立) 自由な構から (正面で) 不動立、 (中段・中段・中段) (擦り足) 順突. 退りながら不動立、三本突. 刻突、前足を横後へ縦手刀で捌きなが
四 段	審査員指定

※ 46歳以上の者の昇段審査の基本課題については、平安初段〜五段及び鉄騎初段の型のうちから受験者が選んだ型をもってこれに替えることができる。

※1 騎馬立の後ろ足を軸足前で交差し、軸足で蹴る。 ※2 前屈立で外受をし、前の足を移動して騎馬立、横猿ぴ横裏拳。 ※3 後屈手刀受、前の足を横へ移動して前屈立、貫手。 ※4 後の足で蹴り、蹴り足を降ろしながら突く。※5 逆突の突き手を引手に取り、かつ引手を上段に突き出すと同時に前蹴し、蹴った足を前に降

→ 前進	← 後退	⤳ 連続				

前屈立から → 前蹴.		騎馬立から → 横蹴上.				
後屈立から → 中段手刀受.	前屈立から（後足で） → 前蹴.	騎馬立から → 横蹴上.	※1 横蹴込.	前屈立から（後足で） → 回蹴.		
← （上段）（中段） 内受、刻突、逆突.	→ ※3 手刀受、貫手.	(後足で) （中段上段) 前連蹴.	→ 回蹴.	騎馬立から → (中段) 横蹴上.	横蹴込.	
（後屈立で） 中段手刀受.	前屈立から → 前蹴.	→ 回蹴.	騎馬立から → 横蹴上.	横蹴込.	前屈立から → 後蹴.	
前屈立から	（足を換える） 前蹴⤳回蹴.	→ （前足で）（足を換える) 刻横蹴込⤳後蹴.	騎馬立から →	（同じ足で) 横蹴上⤳横蹴込.		
払逆突.	→ ※6 外受、猿ぴ裏拳逆突.	猿ぴ騎馬立 →	(上段) 内受、刻突、前蹴、	(中段) 逆突.	手刀受、刻蹴、貫手.	
騎馬立から	※10（足を換える) 横蹴上⤳横蹴込.	→	鉛筆で ポイント決技………逆突.			
← （不動立、前屈立、不動立) (中段・中段・中段) 一歩退りながら 不動立、三本突.	前屈立から （正面で) (同足) 前蹴、回蹴.	(同足) 回蹴、蹴込.	(同足) 前蹴、横蹴、後蹴.	ポイント決技…… …… 刻突.		
（擦り足) ら逆突.	後足外側45度に捌きながら刻突、逆突、回蹴⤳裏拳逆突.		(擦り足)	前屈立から （正面で) (同足) 前蹴、横蹴、後蹴、回蹴.		

ろしながら順突して、下段払に戻る。　※6　前屈立で外受をし、前の足を移動して騎馬立、横猿ぴ、前屈立に移動しながら裏拳逆突。　※7　後屈立、手刀受をし、前の足で重心を変えずに刻蹴して、前屈立になりながら貫手。※8・※9　下段払の引手を取ったまま、後の足で前蹴、足を換えて回蹴（※8）あるいは蹴込（※9）をし、蹴り足を降ろしながら逆突して、下段払に戻る。　※10　後の足を前の足前で交差して前の足で蹴上げ、足を換えて蹴込む。

(2) 組手・型

段級	組　　手	型
九級	五本組手（上段突．中段突き．）　　号令	平安初段　　　　　　号令
八級	〃　　　　　　　号令無し	平安初段　　　　　　号令無し
七級	※1 三本組手　　No.1．No.2．	平安二段
六級	〃　　　　左・右	平安三段
五級	基本一本　上段突．中段突．前蹴． （2本ずつ技を変えて）	平安四段
四級	横蹴．回蹴． （1本ずつ）	平安五段
三級	※4 指定基本一本　上段．中段．前蹴．横蹴 回蹴（1本ずつ、左・右）	鉄騎初段
二級 一級	自由一本　上段突．中段突．前蹴． （2本ずつ） 横蹴．回蹴． （1本ずつ）	指定型　鉄騎初段 　　　　　　※3 得意型　選定型1〜4のうちから1つ
初段	自由一本　上段刻突．上段順突． 　　　　　中段逆突．中段順突． 　　　　　前蹴．横蹴．回蹴． 　　　　　後蹴	※3 得意型　選定型1〜5のうちから1つ 　　　　　　※2 指定型　必修型から1つを指定
二段	自由組手 送り自由一本	※3 得意型　2つ、ただし1つは選定型1〜 　　　　5のうちから1つ
三段	自由組手 返し一本組手	得意型　1つ 　　　　　　※3 指定型　選定型1〜5のうちから1つを 　　　　指定
四段	研究発表．指定基本	得意型　2つ 研究発表

※　女性及び36歳以上の者の昇段審査の組手課題については、基本一本・自由一本又は研究発表をもってこれに替えることができる。

※1　No.1．（●上段突、中段突、前蹴。）
　　　　　　（○揚げ受、外受、　下段払。）
　　　No.2．（●上段突、中段突、前蹴。）……揚受、内受、内受した手で逆下段払
　　　　　　（○揚受、　内受、　逆下段払。）　をして、上段刻突、中段逆突で決める。

※2　必修型　平安初段〜五段及び鉄騎初段
※3　選定型　1　抜塞大　　2　観空大　　3　慈恩　　4　燕飛　　5　十手

※4　**指定基本一本**（左右一本ずつの選定後に指定する）
〈上　段〉
　　1　右足を一歩後方へ捌き、左前屈立、左揚受、逆突。
　　2　右足を右斜め後方へ捌き、右後屈立で左縦手刀受しながら右手を右耳横に構える。左前屈立になると同時に手刀打を首又はこめかみへ。
　　3　左足を左斜め後方へ開き、右足を寄せて閉足立になりながら右側面揚受、右足で横蹴上、蹴り足を相手の外側に降ろしながら騎馬立て右横燕飛打を脇腹へ。
　　4　右足を一歩後方へ捌き、左前屈立、開手（背手）、十字受（右手手前）、右手で相手の右手首をつかんで右中段横に肘を伸ばしたまま引き落とし、右回蹴、蹴り足を相手の外側に踏み出して左へ回り、左前屈立、後回燕飛打。
〈中　段〉
　　1　右足を一歩後方へ捌き、左前屈立、左外腕受、逆突。
　　2　左足を一歩後方へ捌き、右前屈立、右外腕受、右足より擦り足で踏み出し、騎馬立て右横猿ぴ打。
　　3　右足を一歩後方へ捌き、左前屈立、左内腕受、受手で上段刻突、右中段逆突。
　　4　右足を右斜め後方へ捌き、右後屈立、手刀受、左足で刻蹴、蹴り足を前に降ろしながら左前屈立、中段貫手（刻蹴は前蹴の時は水月、回蹴は脇腹に）。
〈前　蹴〉
　　1　右足を一歩後方へ捌き、左前屈立、下段払、逆突。
　　2　右足を一歩左後方へ捌き、右逆下段払、左上段突、右中段逆突。
　　3　左足を一歩後方へ捌き、右前屈立、十字受（手は握り右手が上）、受けた手の甲を下向きにして胸の前で構え、手を開きながら相手の首へ十字にねじ込むように十字手刀打。
　　4　右足を左足の前に引き寄せながら、猫足立て右下段払、左引手を開いて相手に突き出すと同時に払った手を引手に取り、右前屈立になりながら前猿ぴ打。
〈横　蹴〉
　　1　右足を左斜め後方へ捌き、左前屈立、左外腕受、右逆突。
　　2　右足を一歩後方へ捌き、左前屈立（騎馬立でもよい）、左背腕受、右背刀打。
〈回　蹴〉
　　1　右足を右横直線に捌き、左前屈立、左背腕内受、右逆突。
　　2　左足を一歩右斜め後方へ捌き、ナイハンチ立（騎馬立より狭い）、縦平行手刀受、右足擦足にて添手横猿ぴ打。

KYU no KIHON

9 – 8
KYUKYU-HACHIKYU

◎ ZENKUTSU DACHI GEDAN BARAI
    CHŪDAN JUN ZUKI
    CHŪDAN GYAKU ZUKI
    JŌDAN AGE UKE
    CHŪDAN SOTO UDE UKE
◎ ZENKUTSU DACHI GAMAE
    MAE GERI
◎ KIBA DACHI
    YOKO KEAGE

7 – 6
NANAKYU-ROKKYU

◎ ZENKUTSU DACHI GEDAN BARAI
    CHŪDAN JUN ZUKI
    CHŪDAN GYAKU ZUKI
    JŌDAN AGE UKE-GYAKU ZUKI
    CHŪDAN SOTO UDE UKE - GYAKU ZUKI
    CHŪDAN UCHI UDE UKE - GYAKU ZUKI
◎ KŌKUTSU DACHI GAMAE
    CHŪDAN SHUTŌ UKE
◎ ZENKUTSU DACHI
    MAE GERI
◎ KIBA DACHI
    YOKO KEAGE
    YOKO KEKOMI
◎ ZENKUTSU DACHI
    MAWASHI GERI

5 – 4
GOKYU-YONKYU

◎ ZENKUTSU DACHI GEDAN BARAI
    SANBON ZUKI (JUN ZUKI)
    (①JŌDAN ②CHŪDAN)
    GYAKU ZUKI (SANBON ZUKI)
    (CHŪDAN-JŌDAN-CHŪDAN)
    JŌDAN AGE UKE - GYAKU ZUKI
    CHŪDAN SOTO UDE UKE (ZENKUTSU) &
    ENPI - URAKEN (KIBA DACHI)
    CHŪDAN UCHI UDE UKE - KIZAMI - JŌDAN &
    GYAKU ZUKI CHŪDAN
◎   CHŪDAN SHUTŌ UKE (KŌKUTSU) &
    NUKITE (ZEN KUTSU)
◎ ZENKUTSU DACHI GAMAE
    MAE GERI
    REN GERI (CHŪDAN - JŌDAN)
    MAWASHI GERI
◎ KIBA DACHI
    YOKO KEAGE
    YOKO KEKOMI

3
SANKYU

◎ ZENKUTSU DACHI GEDAN BARAI
    CHŪDAN JUN ZUKI
    CHŪDAN GYAKU ZUKI
    JŌDAN AGE UKE
    CHŪDAN SOTO UDE UKE
    CHŪDAN UCHI UDE UKE
◎ CHŪDAN SHUTŌ UKE
◎ ZENKUTSU DACHI GAMAE
    MAE GERI
    MAWASHI GERI
◎ KIBA DACHI
    KEAGE
    KEKOMI
◎ ZENKUTSU DACHI GAMAE
    USHIRO GERI

2 − 1
NIKYU-IKKYU

◎ ZENKUTSU DACHI GEDAN BARAI
    MAE GERI - JUN ZUKI
    MAWASHI GERI - GYAKU ZUKI
    GYAKU ZUKI - MAEGERI - JUN ZUKI - GEDAN BARAI
◎ ZENKUTSU DACHI GAMAE
    MAE GERI - MAWASHI GERI
    KIZAMI YOKO KEKOMI - USHIRO GERI
◎ KIBA DACHI
    YOKO KEAGE - YOKO KEKOMI

KYU	KUMITE	KATA
9	GOHON KUMITE	HEIAN SHODAN
8	JŌDAN & CHŪDAN (HIDARI)	HEIAN SHODAN
7	SANBON KUMITE No.1, No.2 JŌDAN-CHŪDAN-MAEGERI (HIDARI)	HEIAN NIDAN
6	SANBON KUMITE No.1, No.2 (HIDARI-MIGI)	HEIAN SANDAN
5	KIHON IPPON KUMITE ②JŌDAN ②CHŪDAN ②MAE GERI	HEIAN YONDAN
4	KIHON IPPON KUMITE ②JŌDAN ②CHŪDAN ①MAE GERI ①YOKO GERI ①MAWASHI GERI	HEIAN GODAN
3	SHITEI KIHON IPPON KUMITE ②JŌDAN ②CHŪDAN ②MAE GERI ①YOKO GERI ①MAWASHI GERI (HIDARI／MIGI)	TEKKI SHODAN
2 1	JIYŪ IPPON KUMITE ②JŌDAN ②CHŪDAN ②MAE GERI ①YOKO GERI ①MAWASHI GERI	TEKKI SHODAN + ① SENTEI KATA { BASSAI DAI KANKŪ-DAI JION ENPI }

DAN no KIHON
SHODAN

◎ZENKUTSU GEDAN BARAI
  JUN ZUKI : SANBON ZUKI (①JŌDAN ②CHŪDAN)
  GYAKU ZUKI : SANBON ZUKI (CHŪDAN-JŌDAN-CHŪDAN)
  AGE UKE-GEDAN BARAI-GYAKU ZUKI
  CHŪDAN SOTO UDE UKE - ENPI - URAKEN - GYAKU ZUKI
      (ZEN KUTSU)   (KIBA)   (ZEN KUTSU)
  CHŪDAN UCHI UDE UKE-KIZAMI ZUKI-MAE GERI-CHŪDAN GYAKU ZUKI
◎KŌKUTSŪ DACHI GAMAE
  SHŪTŌ UKE - KIZAMI GERI - NUKITE
◎ZENKUTSU GEDAN BARAI
  MAE GERI-MAWASHI GERI-GYAKU ZUKI-GEDAN BARAI
  GEDAN BARAI-MAE GERI-YOKO KEKOMI-GYAKU ZUKI-GEDAN BARAI
◎KIBA DACHI
  YOKO KEAGE-YOKO KEKOMI

◎KIME WAZA
  GYAKU ZUKI

NIDAN

ⓐJIYŪ NA GAMAE
  KIZAMI ZUKI-MAE GERI-JUN ZUKI
  AGE UKE   MAWASHI GERI - URAKEN-JUN ZUKI

ⓑFUDŌ DACHI GEDAN BARAI
  CHŪDAN JUN ZUKI
  JUN ZUKI SANBON : CHŪDAN-JŌDAN (ZEN KUTSU) CHŪDAN

◎ZENKUTSU SHŌMEN

◎MAE GERI-MAWASHI GERI
◎MAWASHI GERI-YOKO KEKOMI
◎MAE GERI-YOKO GERI-USHIRO GERI

◎KIME WAZA
  KIZAMI ZUKI

KATA   SHODAN (BASSAI-DAI·KANKU-DAI·ENPI·JION·JITTE)
          NIDAN (HANGETSU·TEKKI NIDAN·BASSAI-SHŌ·GANKAKU·KANKU-SHŌ)
          SANDAN (SŌCHIN·TEKKI SANDAN·CHINTE·JI'IN·NIJUSHIHO)

SANDAN

◎ FUDŌ DACHI GEDAN BARAI
  CHŪDAN JUN ZUKI
  JUN ZUKI SANBON ZUKI : (CHŪDAN - JŌDAN (ZENKUTSU) - CHŪDAN)

◎ SHŌMEN JIYŪ NA GAMAE

◎ KIZAMI ZUKI   GYAKU ZUKI
   TATE SHUTŌ ⟵⟶
                    JIYŪ NA GAMAE.

◎ KIZAMI ZUKI
   GYAKU ZUKI   MAWASHI GERI - URAKEN - GYAKU ZUKI - JIYŪ NA GAMAE

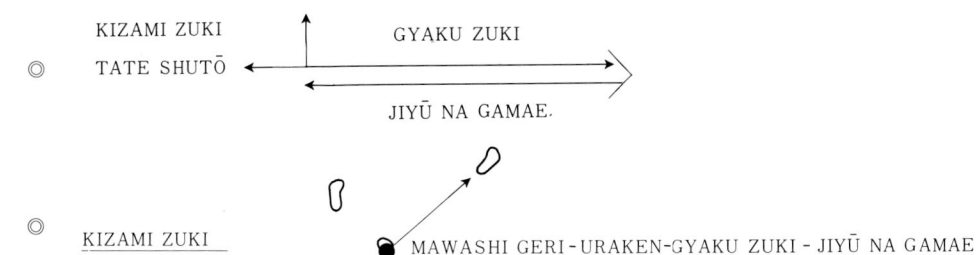

◎   MAE GERI - YOKO GERI - USHIRO GERI - MAWASHI GERI

KUMITE   KATA

SHODAN······ JIYŪ IPPON KUMITE   ①   SHITEI
       JŌDAN KIZAMI ZUKI   (HEIAN 1~5 — TEKKI SHODAN)
       JŌDAN JUN ZUKI
       CHŪDAN GYAKU ZUKI   ①   SENTEI
       CHUDAN JUN ZUKI   Ⓐ
       MAE GERI MAWASHI GERI
       YOKO GERI — USHIRO GERI

NIDAN········ OKURI JIYŪ IPPON KUMITE   ①   SENTEI   Ⓐ
       JIYŪ KUMITE   ①   SENTEI

SANDAN······ KAESHI IPPON KUMITE   ①   SHITEI   Ⓑ
       JIYŪ KUMITE   ①   SENTEI

      Ⓐ   Ⓑ
   BASSAI-DAI   BASSAI-DAI
   KANKU-DAI   KANKU-DAI
   JION   JION
   ENPI   ENPI
   JITTE

SHITEI ※ COMPULSORY ∗ IMPOSÉ   **SENTEI** ※ FREE ∗ AU CHOIX

国内本支部一覧表 （2001年8月末現在）

〈総本部〉	金澤 弘和	☎03-3754-5481(代)	〒146-0084	東京都大田区南久が原2-1-20
		FAX 03-3754-5483		メールアドレス　skif@pearl.ocn.ne.jp
〈北海道〉	斉藤 栄吉	☎01237-2-1142	〒069-1524	夕張郡栗山町角田132-19
	平澤 高志	☎011-812-6198	〒003-0002	札幌市白石区東札幌二条1丁目2-22
	斉藤 周一	☎0143-45-3525	〒050-0072	室蘭市高砂町2-6-6　橋詰方
〈青森〉	蛯名 博幸	☎0177-43-4172	〒034-0001	十和田市三本木字前谷池149-2
	中野 隆夫	☎0172-82-4837	〒036-1300	中津軽郡岩木町大字一町田字村元608-17
〈岩手〉	加賀 三郎	☎019-625-7566	〒020-0875	盛岡市清水町4-5-10
	金澤 英夫	☎0193-63-6611	〒027-0023	宮古市磯鶏沖15-20　金澤内科医院内
	盛合 徳朗	☎0193-67-2878	〒027-0203	宮古市津軽石5-43
	金澤 恭三	☎0194-28-3106	〒027-0421	下閉伊郡岩泉町小本字本茂師78-1
	下川 淳一	☎0193-67-2316	〒027-0201	宮古市白浜2-43
	佐々木 康人	☎0193-87-2812	〒027-0300	下閉伊郡田老町大平
	伊藤 四郎	☎0193-82-5051	〒028-1352	下閉伊郡山田町飯岡2-112-10
	北里大学水産学部	☎0473-64-6494	〒022-0101	気仙郡三陸町越喜来字鳥頭160-4
〈秋田〉	吉川 斌揚	☎0182-33-6327	〒013-0042	横手市前郷上の家46-5
〈山形〉	石川 寿広	☎0236-62-4657	〒990-0408	東村山郡中山町岡93
	安食 孝	☎0233-25-3151	〒999-5102	新庄市大字萩野3340
〈宮城〉	藤島 正弘	☎0224-68-2012	〒981-1524	角田市岡字駅前南30-17
	石川 正毅		〒981-2201	伊具郡丸森町筆甫字和田82
	戸村 真喜夫		〒981-1503	角田市島田字郷主内86
〈新潟〉	保高 誠	☎0255-25-3578	〒943-0178	上越市戸野目古新田255
	永井 雅夫	☎0255-62-4429	〒949-0305	西頸城郡青海町八久保7番地
	小池 郁雄	☎0255-22-1559	〒943-0807	上越市春日山町1-11-8
	波田野 篤	☎02549-5-2714	〒959-0809	東蒲原郡川上村三方甲323
	高山 茂和	☎0258-32-0086	〒940-0846	長岡市花園東2-130-4
	青山 哲	☎0255-43-1022	〒942-0061	上越市春日新田1-2-38
	高田工業高校空手道部	☎0255-25-5234	〒943-0891	上越市昭和町1-13
	直江津工業高校空手道部	☎0255-44-0455	〒942-0052	上越市上源入211-6
〈群馬〉	都丸 幸裕	☎090-7176-2979	〒379-2117	前橋市二之宮1022-2
	塚越 喜一郎	☎0273-47-1177	〒370-0857	高崎市上佐野町786-7
	笠原 政美	☎0495-72-0376	〒367-0212	児玉郡児玉町大字児玉350-2
	田辺 寛治	☎0279-23-1617	〒377-0043	渋川市上之町2351-1
〈栃木〉	猪越 省介	☎0284-63-2244	〒326-0844	足利市鹿島町562
	高野 和郎	☎0287-92-2520	〒324-0613	那須郡馬頭町大字馬頭368
	鈴木 誠司	☎028-662-0486	〒321-0973	宇都宮市岩曽町884
	土屋 勝	☎0283-22-3850	〒327-0846	佐野市若松町335
〈埼玉〉	増田 正三郎	☎0480-24-9009	〒345-0025	北葛飾郡杉戸町清地6-8-17
	藤巻 功	☎0495-72-4670	〒367-0216	児玉郡児玉町金屋40
	田島 富士夫	☎0495-72-4558	〒367-0212	児玉郡児玉町児玉1654-5
	リチャード・バーンズ	☎0494-22-5559	〒368-0033	秩父市中町坂町1-10-19-102
〈東京〉	朝日カルチャーセンター	☎03-3344-1941	〒163-0023	新宿区西新宿1-24-1　エステック情報ビル15F
	市川 光喜	☎03-3993-9991	〒176-0006	練馬区栄町40-2　新栄ビル1階
	若山 正昭	☎03-3910-1387	〒114-0023	北区滝野川2-15-1　松永ビル地下1階
	武蔵工業大学空手道部	☎03-3703-3111	〒158-0087	世田谷区玉堤1-28-1
	済藤 恭久	☎03-5380-5007	〒165-0027	中野区野方1-38-13
	鈴木 隆昭	☎03-3754-5481	〒170-0004	豊島区北大塚1-33-22　ソシエ北大塚B1
	田村 幸保	☎0428-23-4356	〒198-0052	青梅市長渕8-173-14
	亀鴨 彦	☎0427-34-5162	〒195-0062	町田市大蔵町120-8
	笠原 秀之	☎0426-32-3177	〒192-0914	八王子市片倉1581-7
	中尾 孝治	☎0428-22-1823	〒198-0042	青梅市東青梅5-4-8
	相子 鈴雄	☎0425-36-5930	〒196-0004	昭島市緑町3-8-11
	私市 靖	☎042-596-0826	〒190-0163	あきる野市舘谷73
	坂谷 保則	☎0425-54-8981	〒205-0003	羽村市緑ケ丘2-10
	山崎 雄大	☎0426-45-8542	〒192-0032	八王子市石川町2099-1-301
	多摩工業高校空手道部	☎0425-51-3435	〒197-0003	福生市熊川215
	川崎 孝一	☎0424-83-5441	〒182-0036	調布市飛田給3-18-1
	昭和第一学園空手道部	☎0425-36-1611	〒190-0003	立川市栄町2-45-8

〈千葉〉	金澤　伸　　明	☎0474-51-9416	〒275-0022	習志野市香澄6-9-10
	滝口　健　　雄	☎0474-24-2930	〒273-0005	船橋市本町7-21-15
	小原　力　　男	☎0438-25-7010	〒292-0065	木更津市吾妻129-2
	澤田　　　　茂	☎0473-64-6494	〒271-0064	松戸市上本郷3114
	岩間　義　　人	☎0470-68-5523	〒273-0005	船橋市本町6-12-20-708
	恵下　　　　繁	☎0473-34-7142	〒272-0022	市川市鬼越1-11-8
〈神奈川〉	飯山　一　　男	☎0463-81-5771	〒257-0027	秦野市西田原390-20
	安藤　秀　　政	☎0463-81-1147	〒257-0015	秦野市平沢1484
	仲島　末　　吉	☎0427-71-4165	〒229-0000	相模原市相陽3-17-2　グランデールＳ102
	杉山　　郁　郎	☎045-332-0846	〒234-0053	横浜市保土ヶ谷区月見台7-12
	佐藤　　　　淳	☎0427-62-9359	〒229-1123	相模原市上溝4106-1
	北里大学空手道部	☎0427-79-8789	〒228-0829	相模原市北里1-15-1
〈山梨〉	向井　忠　　夫	☎0555-22-0156	〒403-0011	富士吉田市新倉885
〈長野〉	山本　和　　男	☎0268-47-2290	〒386-1601	小懸郡青木村大字田沢1482
〈静岡〉	大石　清　　美	☎0548-32-3909	〒421-0303	榛原郡吉田町片岡2888
	大石　清	☎0546-23-1570	〒425-0052	焼津市田尻2000-2　和田公民館内
	薩川　俊　　彦	☎0543-63-0999	〒424-0114	清水市庵原町592-31
〈愛知〉	大西　春　　樹	☎0587-93-4551	〒480-0105	丹羽郡扶桑町大字南山名安戸57
	中村　雄　　生	☎0533-76-3992	〒441-0321	宝飯郡御津町大字豊沢字久蔵58-10
〈滋賀〉	田中　　　　正	☎0748-37-6627	〒523-0813	近江八幡市西本郷町260-4
〈京都〉	高橋　和　　彦	☎0773-62-0518	〒625-0036	舞鶴市字浜473
〈奈良〉	大東　徳　　文	☎07438-4-0469	〒632-0200	山辺郡都祁村馬場410-1
〈大阪〉	山本　　　　昭	☎0722-51-7216	〒591-0033	堺市中百舌鳥6-998-3　中百舌鳥公園団地3-925
	浅見　日出雄	☎0729-48-3293	〒581-0037	八尾市太田6丁目224
	奥見　則　　夫	☎06-6949-2650	〒540-0022	大阪市中央区糸屋町3-5
〈和歌山〉	尾崎　　　　武	☎0735-22-5061	〒647-0001	新宮市相筋2-6-11
〈福井〉	下西　　　　昭	☎0770-53-2210	〒917-0041	小浜市青井10-57-3
〈富山〉	加藤　　　　庸	☎0765-22-6728	〒937-0041	魚津市吉島1127-13
	小森　茂　　敏	☎0764-34-0861	〒930-0103	富山市北代1区492
	寺岡　精　　一	☎0764-38-4558	〒931-8535	富山市西宮122-25
	小池　和　　夫	☎0764-63-2075	〒930-3216	中新川郡立山町福田458番地
	角　　　幸　由	☎0766-91-0096	〒935-0024	氷見市窪603
〈島根〉	高橋　順　　一	☎0852-54-1263	〒690-2101	八束郡八雲村大字日吉227-9
〈広島〉	吉岡　徹　　典	☎082-224-2013	〒732-0062	広島市東区牛田早稲田3-11-20-304
〈福岡〉	中須賀　達　穂	☎0947-42-2385	〒825-0000	田川市大藪2-12
	澤田　憲　　孝	☎09493-2-8470	〒823-0013	鞍手郡宮田町芹田146-1
	安武　直　　美	☎09492-3-2407	〒807-1312	鞍手郡鞍手町中山南区五丁目
	百島　順　　一	☎0979-82-6528	〒828-0022	豊前市宇島52
	佐藤　　　　弘	☎0947-26-0436	〒822-1324	田川郡糸田町1113　西部団地
	浦野　高　　春	☎0947-63-4133	〒824-0511	田川郡大任町大字今任原540
	三保谷　俊　彦	☎0947-44-6883	〒826-0042	田川市大字川宮1442-5
	村上　平八郎	☎093-618-5027	〒807-1112	北九州市八幡西区千代5-3-5
	今洲　栄　　司	☎0979-24-7294	〒871-0923	築上郡大平村大字下唐原821-1
	長野　秀　　幸	☎0947-28-2938	〒822-1101	田川郡赤池町大字赤池367-148
〈大分〉	高倉　　　　護	☎0979-22-5523	〒871-0027	中津市上宮永2-16-11
〈長崎〉	坂谷　千　　利	☎0958-83-0927	〒851-2121	西彼杵郡長与町岡郷174-9
	白石　　　　秀	☎09208-4-5255	〒817-1604	上県郡上県町大字佐護北里1340
〈熊本〉	丸尾　隆　　喜	☎0966-23-5895	〒868-0045	人吉市浅床町582
	西村　浩三郎	☎0969-22-3008	〒863-0037	本渡市諏訪町13-5
	林　　　利　男	☎0969-73-3302	〒863-1902	牛深市久玉町1411-91

海外加盟国——合計104ヶ国

SHOTOKAN KARATE-DO INTERNATIONAL FEDERATION
GENERAL HEADQUARTERS
2-1-20, MINAMI-KUGAHARA OTA-KU, TOKYO 146-0084 JAPAN
TEL 03-3754-5481　FAX 03-3754-5483　MAIL ADRESS skif@pearl.ocn.ne.jp

HIROKAZU KANAZAWA

1931	Hirokazu Kanazawa was born in Iwate prefecture
1956	Graduated from Takushoku University and joined J.K.A.
1957	Kumite Champion 1st Japan Karate Championship
1958	Kumite and Kata Champion
1959	Kumite and Kata Champion
1960	Chief Instructor in Hawaii and United States
1961	5th DAN
1962	Chief instructor German Karate Federation
1966	6th DAN
1968	Coach of the European team at the world Championship in Mexico
1971	7th DAN
	Chief instructor, J.K.A. International section
	Instructor at Musashi, Kanto and Kitazato Universities
1972	Coach of the Japanese team at the 2nd W.U.K.O. World Championship in Paris
1976	Referee 1st. I.A.K.F. World Championship in Los Angeles
	Referee Asia-Oceania Championship in Hong Kong
1977	In December, he left J.K.A. to form Shotokan Karate International
	He is the chief instructor of 55 affiliated countries
1980	Referee, 5th W.U.K.O. World Championships in Madrid
1981	Referee, 1st. World Games in Santa Clara, California
1983	Chairman, 1st S.K.I. World Championships in Tokyo
1985	Chairman, 2nd S.K.I. World Championships in Dusseldorf
	Presently 8th DAN, International Referee Japan Karate-Do Federation
	Coach Japanese Association of Physical Education

鎌倉円覚寺にある空手道始祖、船越義珍先生の碑に詣でる著者
ENKAKU-JI Temple of Kamakura.
The author pays his respect to master Gichin Funakoshi, the Father of Modern Karate.

HIROKAZU KANAZAWA

1931   Hirokazu Kanazawa est né dans le préfecture d'Iwate
1956   Gradué de l'Université de Takushoku il entre à la J.K.A.
1957   Champion de Kumite au 1er Championnat de Karate au Japon
1958   Champion de Kumite et Kata
1959   Champion de Kumite et Kata
1960   Instructeur en Chef à Hawaii et aux Etats Unis
1961   5ème DAN
1962   Instructeur en Chef de la Fédération Allemande de Karate
1966   6ème DAN
1968   Entraîneur de l'équipe Européenne au Championnat du Monde à Mexico
1971   7ème DAN
        Instructeur en Chef de la J.K.A. Section Internationale
        Instructeur aux Universités de Musashi, Kanto et Kitazato
1972   Entraîneur de l'équipe Japonaise au 2ème Championnat du Monde de la W.U.K.O. à Paris
1976   Arbitre au 1er Championnat du Monde I.A.K.F. à Los Angèles
        Arbitre au Championnat d'Asie-Océanie à Hong Kong
1977   En Décembre, quitte la J.K.A. pour former le Shotokan Karate International
        Il est l'instructeur en Chef de 55 pays affiliés
1980   Arbitre, de la W.U.K.O. au 5ème Championnats du Monde à Madrid
1981   Arbitre, World Games à Santa Clara, Californie
1983   Président, 1er Championnat du Monde S.K.I. à Tokyo
1985   Président, 2ème Championnat du Monde S.K.I. à Dusseldorf
        Actuellement 8ème DAN, arbitre international de la Japan Karate-Do Federation
        Entraîneur de l'Association Japonaise d'Education Physique

鎌倉円覚寺足立大進管長と著者及びS.K.I. 関係者
ENKAKU-JI
Temple of Kamakura with Kanchō Daishin Adachi (on the left).

道場訓

一、人格完成に努むること
一、誠の道を守ること
一、努力の精神を養うこと
一、礼儀を重んずること
一、血気の勇を戒むること

DŌJŌ - KUN

HITOTSU JINKAKU KANSEI ni TSUTOMURU KOTO.
HITOTSU MAKOTO no MICHI o MAMORU KOTO.
HITOTSU DORYOKU no SEISHIN o YASHINAU KOTO.
HITOTSU REIGI o OMONZURU KOTO.
HITOTSU KEKKI no YU o IMASHIMURU KOTO.

ONE : To strive for perfection of character.	(UN) S'efforcer de perfectionner le caractère.
ONE : To defend the paths of truth.	(UN) Protéger le chemin de la vérité.
ONE : To foster the spirit of effort. ※	(UN) Encourager l'esprit de l'effort.
ONE : To honour the principles of etiquette.	(UN) Respecter les régles et l'esprit de Rei.
ONE : To guard against impetuous courage.	(UN) Eviter les élans de bravoure.

旧総本部四谷道場　S.K.I.F. General Headquarters. Yotsuya Dōjō

金澤弘和
（かなざわひろかず）
HIROKAZU KANAZAWA

昭和6年岩手県に生まれる。宮古水産高校卒。31年拓殖大学卒業後日本空手協会に入る。32年第一回全国空手道選手権大会組手の部優勝。33年第二回大会で型・組手総合優勝。第三回大会で型・組手とも準優勝。35年ハワイへ指導員として招かれる。37年ハワイ空手連盟を設立、首席師範となり、アメリカ本土各地を指導。38年五段。39年よりヨーロッパ各地を指導。イギリス及びドイツ空手連盟の首席師範となる。41年六段。43年メキシコオリンピックに招待をうける。国際空手道選手権大会に、ヨーロッパ総監督として参加。46年七段。ヨーロッパ空手連盟より、インターナショナル八段を受く。日本空手協会理事・国際部長、武蔵工大、関東大、北里大の師範に就任。47年パリで開かれた空手道世界選手権大会に、日本チーム監督として参加。
50年国際アマチュア空手道連盟第一回世界選手権（ロスアンゼルス）、51年アジア大会（ホンコン）に、いずれも審判として参加。52年12月日本空手協会より独立して、国際松濤館空手連盟を設立。最高師範として加盟80数ヵ国の指導に当たっている。
現在、全日本空手道連盟国際審判員。日本体育協会上級コーチ。
著書「六週間で強くなる空手」空手型全集（上・下）他。

空手 組手全集
KUMITE KYŌHAN

2004年1月25日　発行　●協定により検印省略

著　者	金澤弘和	
発行者	池田　豊	
印刷所	足柄製版印刷株式会社	
製本所	株式会社難波製本	
発行所	株式会社池田書店	

東京都新宿区弁天町43（〒162-0851）
☎03-3267-6821代表／振替 00120-9-60072
乱丁・落丁本はお取りかえいたします。

COPYRIGHT© *Hirokazu Kanazawa 1987, Printed in Japan*　　0502501
ISBN4-262-16201-X C2075

空手型全集（上・下）
金澤弘和著

KARATE KATA (Vol. 1-2)
HIROKAZU KANAZAWA

（上巻）(Vol. 1)　　　　　　　　（下巻）(Vol. 2)

平安初段	HEIAN SHODAN	慈恩	JION
平安二段	HEIAN NIDAN	十手	JITTE
平安三段	HEIAN SANDAN	半月	HANGETSU
平安四段	HEIAN YONDAN	岩鶴	GANKAKU
平安五段	HEIAN GODAN	鉄騎二段	TEKKI NIDAN
鉄騎初段	TEKKI SHODAN	鉄騎三段	TEKKI SANDAN
抜塞大	BASSAI-DAI	珍手	CHINTE
観空大	KANKU-DAI	抜塞小	BASSAI-SHO
燕飛	ENPI	観空小	KANKU-SHO
壮鎮	SOCHIN	二十四歩	NIJUSHIHO
明鏡	MEIKYO	雲手	UNSU
慈蔭	JI'IN	王冠	WANKAN
五十四歩大	GOJUSHIHO-DAI	五十四歩小	GOJUSHIHO-SHO

A videotape version of these two volumes is also available.
For any information please write to.

M.P.Mannion
Centred-Mind Films Ltd.
22 Clacton Road,
London E.17 8 AR
England